世界遺産

——理想と現実のはざまで

中村俊介
Shunsuke Nakamura

Eurus
Notus
Boreas
Zephyrus

岩波新書
1791

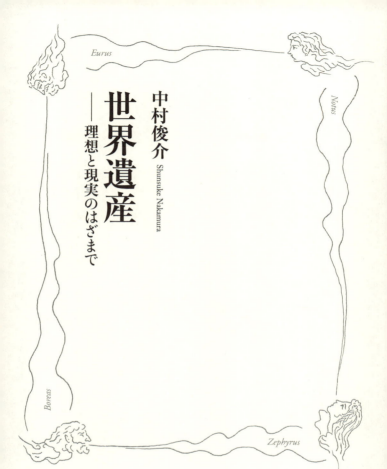

はじめに

マチュ・ピチュ(ペルー)、モン・サン・ミシェル(フランス)、タージ・マハル(インド)、アンコール・ワット(カンボジア)、ピラミッド(エジプト)、古代ローマの遺跡群(イタリア)、グランドキャニオン(アメリカ)……。

いずれも日本人に人気の世界遺産である。その絶景は、誰もがどこかで目にしたことがあるに違いない。エキゾチックな異世界がもたらすときめきと非日常へのあこがれは、ときに心身の癒やしとなり、ときに明日への活力となる。情報化に乗って世界が急速に縮みゆくなか、これらユネスコの世界遺産たちはますます身近な存在となり、観光産業をはじめとした様々な分野で世界経済に取り込まれつつある。

しかし、ふと立ち止まってその内情をのぞくと、世界遺産が大きな曲がり角に来ていることに気づくだろう。

条約採択からほぼ半世紀、登録物件はすでに一〇〇〇件を超え、いまなお膨脹《ぼうちょう》を続けている。世界的に認知度が高まる一方で、国際社会が団結して人類の至宝を守り後世に手渡すという原点が忘れ去られ、むしろ副次的な観光や地域振興の側面ばかりがクローズアップされているように思う。

世界遺産を取り巻く環境は複雑さを増し、様々な課題や矛盾が表面化し始めた。国々の思惑が渦巻く登録合戦が常態化し、政治的な介入も日常茶飯事だ。国によっては登録数の多さを国威発揚や民族復興の証しとみなしてその獲得競争に奔走する風潮も否定しがたく、ユネスコが謳《うた》う人類全体の財産という理想にはほど遠い。評価の難しい物件も目立ち始め、関係者はその審査に苦悩する日々である。

文化に軽重はないとは言うものの、西欧を中心とした登録数の地理的偏重は相変わらずで、富める国と持たざる国の溝は埋めがたい。アフリカやアジア、南米などの発展途上国はより多くの登録を求め、その圧力は国内の保存管理体制の不備にもかかわらず無節操な登録の乱発を許す原因にもなっており、むしろ遺産への脅威さえ招きかねない状況だ。世界遺産になったがゆえに伝統社会が維持してきた地域バランスが崩れ、かえって危機を生じさせた本末転倒なケースもある。

紛争地帯となると、さらに深刻だ。イスラム原理主義勢力タリバーンの支配下にあったアフガニスタンのバーミヤンやユーゴスラヴィア崩壊後に激しい砲火にさらされた「アドリア海の真珠」ドゥブロヴニク(クロアチア)、最近では過激派組織「イスラム国」(IS)が侵攻したシリアのパルミラなどの例をひくまでもなく、国際社会が歴史遺産の大切さを叫べば叫ぶほど、民族の象徴でもあるそれらは敵対勢力の戦意をそぐための攻撃目標や駆け引きの材料になってしまう。残念ながら、ユネスコの掲げる理想が国際紛争の前に哀しいほど無力なことを見せつけられることも少なくない。人類の財産を守るはずの世界遺産システムが、逆に歴史遺産を危うくするとは、なんと皮肉なことだろう。

戦争は人の心の中で生まれるものであるから、人の心の中に平和のとりでを築かなければならない――。

ユネスコ憲章(前文)の、有名な一節である。世界遺産条約もまた、これを究極の目的とする。しかし現実は、必ずしも理想どおりにはいかない。

なるほど、人類の歴史とは、発展とともに矛盾や争いの道のりでもあった。歴史遺産はその映し鏡だ。光があれば影がある。利益を享受する人々がいれば、必ず搾取される人々がいる。それを避けられないのが現実ならば、人類社会がいかにその状況に立ち向かい、課題を克服しながら前進していくかを、私たちは真剣に考えなくてはなるまい。それは数々の難題を抱える世界遺産がこれから歩む、いばらの道でもある。

本書では世界遺産の持つ明るい面よりもむしろ、ふだんあまり言及されることのない陰の部分に、あえて目を向けたつもりだ。わずかでも世論を喚起し、世界遺産の未来に向けてなんらかの指針になれば、筆者としてこれほどうれしいことはない。

私は一〇年余り前、『世界遺産が消えてゆく』(千倉書房)を上梓したが、あれから世界遺産を取り巻く状況は激変した。本書はその後の流れを取材し、自分なりに咀嚼《そしゃく》してまとめたものである。前掲書の続編としてご笑覧いただければ幸いに思う。

目 次

第三章　越境する世界遺産……131

第一章　世界遺産の光と影

謎の遺跡ストーンヘンジ(イギリス)

1　失われた巨像の未来

バーミヤン、あの日

ユーラシア大陸の中ほど、アフガニスタン・バーミヤンの大地に立ったあの日から、はや十数年がたつ。

バーミヤン渓谷の全景(アフガニスタン)

二〇〇六年、私は破壊された世界文化遺産、バーミヤン仏教遺跡の修復作業を進めていた東京文化財研究所などの活動を取材するためにアフガニスタンを訪れ、首都カブールから国連機でバーミヤン渓谷に降り立った。乾いた空気に、どこまでも澄み渡る青い空。ほこりっぽい黄色い土地にはささやかな樹木の緑が添えられ、シンプルかつ鮮やかなコントラストをなしていた。

眼前には垂直にそそり立つ断崖。一面に大小の窟が彫り込まれ、左右には飛び抜けて大きな二つの窟がある。かつてそこには釈迦と弥勒の巨像がそびえ、悠然とバーミヤン渓谷を見下ろしていた。だが、私の目に映ったのはうつろな空間と、かつて仏の巨体をなしていたはずの無残な残骸だけであった。

アフガニスタンはシルクロードの十字路、東西交通の要衝である。アレクサンドロス大王が東方世界をめざし、チンギス・ハーンが西方世界の制覇を夢見た地では、いにしえより数々の異文化が行き交い、混じり合った。いまでこそイスラム社会となっているバーミヤンだが、ここには三世紀から九世紀に繁栄した壮大な仏教遺跡群が残る。偶像崇拝を認めない地元のムスリムも、この巨像二体を、お父さん、お母さんと呼び習わし、愛着を持って接してきたという。宗教上の矛盾と葛藤を自分なりに昇華させ、ごく自然に整合させる生活の知恵が息づいていたのだ。

破壊されたバーミヤンの西大仏

釈迦とされる三八メートルの東大仏、弥勒とされる五五メートルの西大仏。それを取り巻く一〇〇〇余りの、おびただしい仏龕《ぶつがん》群。孫悟空が大活躍する『西遊記』でもおなじみ、国禁を犯して求法の旅に出た唐の高僧玄奘《げんじょう》は、「梵衍那国」と呼ばれたこの地を訪れ、『大唐西域記』のなかで二つの仏像について「王城の東北の山のくまに立仏の石像の高さ百四、五十尺のものがある。金色にかがやき、宝飾がきらきらしている。東に伽藍がある。この国の先の王が建てたものである。伽藍の東に鍮石の釈迦仏の立像の高さ百尺余のものがある。身を部分に分けて別に鋳造し、合わせてできあがっている」(水谷真成訳)と触れている。六二九年のことである。

くすぶる大仏再建論

かつて極彩色の仏たちの壁画で彩られていた仏龕群の内部は荒れ果てていた。経年劣化はもちろん、地元民の生活の場となったために煤《すす》などで汚れたものも少なくない。壁画の八割が損傷したり失われたりしているとも言い、内戦ですさんだアフガニスタンの現実を映し出していた。

仏龕の壁面に、まるく切り取られた跡をいくつも見た。かつてそこには魅惑的な仏の姿があったことだろう。おそらくそれらは、闇の市場において高値で取引される流出文化財となり、国外に運ばれていったはずだ。そのいくらかは日本にも流れ込んだ。

イスラム原理主義勢力のタリバーンがバーミヤンの遺跡群を破壊したのは二一世紀になってすぐ、二〇〇一年のことである。度重なる国際社会の制止にもかかわらず、彼らは大仏破壊という暴挙に出た。爆破に至るまでの詳しい経緯には謎も多いが、いずれにしても、歴史遺産がいわば「人質」として駆け引きの具に利用される先駆けとなってしまったのは確かだ。

　タリバーン支配の崩壊後、国際社会の動きは早かった。イタリア、ドイツ、そして日本のチームがバーミヤンの修復に名乗り出る。戦乱の余韻さめやらぬ二〇〇二年にカブールで開かれた国際会議では、とりあえず大仏の再建問題は先送りに。技術論的な熟度に見解のばらつきがあったのは当然として、少なからぬ関係者には、大仏の無残な姿に人類が犯した歴史的な過ちを留めておきたいとの思いもあったのではなかろうか。だが、その後に催されたパリやアーヘン(ドイツ)での国際会議で、再建をめぐる声が消えることはなかった。

大仏の「足」

　二〇一三年、予想もしない出来事が起こった。破壊された東大仏の足元に、突如として二本の足首がドイツの手で造られたのだ。なんとも異様な光景だった。

　聞くところによれば、ドイツ隊は落石を防止するための屋根の土台だと言い張ったそうだが、写真を眺める限り、どう見ても「足」だ。将来の大仏再建に向けた布石とみられたが、その後、なぜか作業は中止され、そのままの状態で放置されているという。

　だが、この出来事は先送りにされてきた、大仏再建は是か非かという難問の封印を解くことになった。二〇一六年、イスタンブール(トルコ)での第四〇回世界遺産委員会では、アフガニスタン政府は少なくとも一体の大仏の再建を要請したといい、地元でも賛同する論調が出始めたようだ。

二〇一七年秋、東京藝術大学で国際会議が開かれ、再建問題をテーマに国内外の専門家八〇人が議論した。対象は東大仏。ここでは四つのグループがそれぞれのアイデアを提案した。

ミュンヘン工科大学やドイツイコモスのチームは、残った破片をつなぎ合わせて元の形を再現しようというシンプルな考え。歴史的記念物保護の基本理念となっているヴェニス憲章は臆測による無制限な復元をきつく禁じており、極力オリジナルの素材を利用してパズルのように組み合わせていく、いわゆるアナスティローシスという手法である。ただ、ダイナマイトに吹き飛ばされた大仏のオリジナル素材がはたして何割遺存しているのか、大仏の面影が残る表面だけならばともかく、少なからぬ内部の破片の原位置を正確に特定することなど物理的に可能なのか、といった疑問が残る。ドイツ隊は当初から大仏の再建を考えていた節があるけれど、言うは易し行うは難し、といったところか。

おなじくドイツのアーヘン大学は、基礎の上に骨組みを作り、その上に粘土を積み上げていく方式を提案。ただこれも、これだけ巨大な像だけに、その重量で変形しないかなど技術的な不安はぬぐえない。イタリアチームは、大仏の骨組みを組んで、そこに薄く削りだした大理石を貼り付けようとの構想。いかにもイタリアらしい芸術的な案だが、大理石の輝きを放つ大仏とは、ちょっと想像がつかない。

一方、日本チームの提案は、いまはなき大仏の跡地をそのままにして再建は行わず、代わりに、丘の上の景観を損なわない場所に新たなモニュメントとして、強化プラスチックでミニチュア版の大仏を造ってはどうか、というもの。先の三つに比べればストイックで現実的、悪く言えば地味でいまひとつおもしろみがない。大仏だけなら約二億円、仏龕などを含めて周囲まで造り込めば一三億円というからそれなりの構造物だが、資金的に他を上回ることはあるまい。破片などを収容する博物館施設の建設も検討するという。人類が教訓とするべき負の遺産としての歴史的文脈に配慮した考え方とでも言えようか。

バーミヤンの未来

結局、会議の結論としては、「再建は破壊された遺跡または「構成」資産の顕著な普遍的価値（OUV）の保全と理解に寄与するものでなくてはならず、それに否定的な影響を与えるべきではない」と改めて釘を刺したうえで、さしあたって「大仏龕と崖の安定化、多国間の尽力の統合、破片の保護および展示や考古学的発掘、歴史的建造物の保存、教育および意識向上への支援」が喫緊の行動テーマとなった（「バーミヤーン大仏の将来：技術的考察および真正性と顕著な普遍的価値に関する潜在的な影響」の結論）。

すなわち先の四案への具体的な決定はなく、いわば先送りの格好になったわけだが、拙速な議論は必要ないだろう。仮に再建となれば大事業である。そこに地域社会の十分な理解とコンセンサスが求められるのは言うまでもないし、地元住民にもいろいろな声があるはずだ。ぶれることのない持続的な長期戦略には、地元コミュニティーの総意にもとづく協力が欠かせない。でなければ、再び二〇〇一年の悪夢がよみがえらないとも限らない。

大仏再建をめぐる技術論の是非はもとより、この会議の提言が国や地元政府・共同体、市民社会および宗教指導者らの徹底的な話し合いを求めたように、まずは地元社会やアフガニスタン政府に的確な判断を促すための国内基盤の醸成とそのための内的な援助こそが国際社会のなすべき役割ではないだろうか。だが、対象の存在感が重ければ重いほど、破壊された歴史遺産への対応に国際社会は必ずしも一枚岩ではないし、様々な思惑と主張が交錯するものらしい。はたして大仏の「再建」は、バーミヤンの民が思い描くようなバラ色の未来をもたらしてくれるのだろうか。後述するようなデメリット、こんなはずではなかった、という事態があり得ないと言い切れるのか。いずれ来る決断の時に向けて、可能な限りのベターな選択をできるか否か、バーミヤンの将来は地元社会と国際社会の見識にかかっている。

シルクロードの夢、悲しい現実

二〇一六年、東京藝術大学陳列館での特別企画展で、東大仏の頭上、巨龕にかつて描かれていた極彩色の天井画が3Dデータを駆使して再現されていた。

四頭の天馬にひかれた馬車に太陽神が立ち、両脇には有翼の女神が寄り添う。ペルシャやギリシャ、インドといった異文化の要素が入り交じり、なんともコスモポリタンな雰囲気だった。俵屋宗達《たわらやそうたつ》の屏風画でおなじみの風神や、仏教で迦陵頻伽《かりょうびんが》と呼ばれる半人半鳥もいる。前方のスクリーンには、四季折々のオアシスの風景とヒンドゥークシの山々が広がり、大仏の視線で眼下を眺めた光景が大パノラマで展開していた。

あの日、大仏背後の岩盤にうがたれた回廊の窓から見下ろした渓谷が、私の脳裏によみがえった。いにしえのシルクロードの姿を夢想した来場者も少なくなかっただろう。確かにそれは、在りし日の大仏が千数百年間、見つめ続けてきた景色だった。

ただ、こんなのどかな光景のなかにも、厳しく悲しい現実があることを忘れるわけにはいかない。あちこちに地雷が潜み、破壊された日常のおびただしい痕跡、放置されたままの戦車の残骸がゆっくりと時を刻む。地雷原をかいくぐるように案内してくれたハザラ人の少年は、いまどうしているだろうか。風にそよぐ木立の並木道、陽光で黄金色に染め上げられた渓谷の朝は変わっていないだろうか。

大仏を再建するにしても現状を維持するにしても、現地の平穏と現実に即した議論の積み重ねが不可欠なのは言うまでもない。「世界遺産条約履行のための作業指針」は、再建に臆測があってはならないことを強調する。そこには可能な限りの詳細な考証、綿密で学際的な研究と科学的裏付けが求められるわけだが、現地ではそのための作業もままならない状況が続く。アフガニスタンは内情が悪化し、本章の執筆現在も、外務省は全土に退避勧告を出している。バーミヤンには日本の修復チームも、二〇一三年を最後に現地入りできていない。

2　条約のシステムと成り立ち

忘れられる条約の原点

世界遺産の正式名称は「世界の文化遺産及び自然遺産の保護に関する条約」という。一九七二年に採択された、国際連合教育科学文化機関（UNESCO、ユネスコ）の国際条約である。締約国は一九三カ国に及び、人類遺産を様々な脅威から守り、後世へ伝えるための国際協力・援助体制の確立を目的としている。

ユネスコの条約で最大の成功例とも言われ、その名はすっかり社会に浸透した。旅行会社のパンフレットやテレビの旅番組のタイトルには「世界遺産」の文字が躍り、現地には観光客が押し寄せる。確かに、実に据わりのよいキャッチコピーだし、ただ漫然と世界の名所をめぐるよりも、たとえば人気の、あるいはあまり知られていない世界遺産をひとつずつつぶして歩く、といった目的意識を設定した方が、きっと旅の楽しみも倍増するだろう。実際、寺社での御朱印集めさながらに、可能な限りの世界遺産を踏破することに生きがいを感じているファンも少なくないようだ。

この看板が人口に膾炙《かいしゃ》するにともない、ちょっと知的な世界旅行の代名詞になった世界遺産だが、同時に複雑な気持ちになるのは私だけだろうか。その最大の目的、すなわち、かけがえのない人類遺産を後世に伝える、という使命への人々の理解が年々薄れている気がしてならないのだ。

そもそも世界遺産は、なぜ生まれたのか。まずは、その成り立ちまでさかのぼってみよう。

世界遺産条約の誕生

その誕生は、巨大ダムに沈むエジプトのヌビア遺跡救済キャンペーンに端を発する。

二〇世紀半ば、ナイル川にアスワン・ハイ・ダム建設計画が浮上した。せき止められた膨大な水で、かのラムセス二世が建立した有名なアブ・シンベル神殿がダム湖の底に消えてしまう。遺跡群を救うべく、ユネスコはその救済を世界に呼びかけ、一大キャンペーンを張った。のちの世界遺産事業が産声を上げた瞬間である。

キャンペーンは続く。インドネシアのボロブドゥールも、そのひとつ。古都ジョグジャカルタの近く、八世紀のシャイレンドラ朝時代の巨大仏教寺院で、年月とともに風化を続けてきた石造りの構造物の修復に、各国から多額の寄付が寄せられた。

その巨大寺院はいま、周囲まですっかり公園化されて観光客でにぎわっている。九層ものピラミッド構造の壁面におびただしい彫刻が施され、仏教説話を描く回廊のレリーフは圧巻だ。私が訪れたときも、釣り鐘状の仏塔を背景に、大勢の訪問者が思い思いのポーズで写真を撮っていた。その風景はほかの観光地とさほど変わらない。かつてここが救済キャンペーンを必要としていたなんて信じられないくらいに。

こんなユネスコの積極的な取り組みは、全世界に点在する文明の象徴を人類全体の遺産としてとらえ、国際的に保護していこうとの機運を醸成していくことになる。

文化遺産への注目の高まりと同時に、それとは異なるルートで自然遺産への保護施策も胎動を始めていた。主導したのは米国。一九世紀にイエローストーン国立公園をつくった実績を持つこの国のもとで、のちにユネスコの諮問機関となる国際自然保護連合(IUCN)は条約案の作成を進めていた。そして一九七二年。パリでの第一七回ユネスコ総会において、文化遺産と自然遺産を一本化した世界遺産条約が誕生することになる。

人類の足跡である文化遺産と地球の営みとしての自然遺産がひとつの枠組みに共存している

のは、なにか不思議にも思える。だがそれは、自然と対峙《たいじ》してきた西洋文明や効率至上主義の行き詰まり、自然と共生する東洋的世界観の再評価を暗示、先取りしていた気さえしてこないか。さんざん異文化を攻撃し合い、自然を破壊してきた人類が、ようやく自らそれらを守ろうと思い立ったのだから、考えてみれば画期的なことであったのだ。

日本と世界との一体化

日本では今でこそ世界遺産ビジネスが花盛りだが、もともと世界遺産への注目度は、それほど高くなかった。実際、我が国の締結は一九九二年、条約採択二〇年後のことである。

その背景には国内法との兼ね合いや関係省庁間での調整もあったのだろうけれど、文化財保護法を軸にした既存の高度な保護システムが新たな保護体系を必要としなかった、との見方も流布しているようだ。これには異論もあるが、もしそうだとすれば、少なくともその時点までは、世界遺産はあくまで純粋な保護制度として、国内の文化財と同じ範疇《はんちゅう》でとらえられていたことを意味する。

両者の理念は必ずしも合致しない。にもかかわらず、条約への加入は国の史跡や重要文化財と世界遺産とを結びつけ、それまで見向きもされなかった史跡が世界遺産候補になった途端、世間の注目を浴び始めるといった現象を創出した。つまり、国内制度と世界遺産との一体化が、日本社会のなかで始まったのだ。と同時に、歴史遺産に市民が抱く価値観や概念も広がり、それはもはや学術的な枠を超えたところにある。いま世界遺産が抱える数々の課題とは、そんな価値観や認識のずれが表面化した結果なのではないだろうか(中村俊介二〇一一「曲がり角の世界文化遺産」『遺跡学研究』八、同二〇一七「世界遺産は生き残れるか」『考古学研究』二五五)。

世界遺産レースの「資格」

とにかく、世界遺産が国内に導入されるやいなや、その認知度は加速度的に増した。大きな節目になったのは自治体を対象にした暫定リスト記載物件の公募だろう。

暫定リストとは、ユネスコへの政府推薦の候補物件がプールされた一覧表であり、いわば世界遺産レースに加わるための公認資格のようなものである。文化遺産において文化庁は記載物件の補充にあたり、それまで文化審議会のトップダウンだった選考を、自治体推薦による公募方式に改めた。二〇〇六年、二〇〇七年の二度にわたって立候補を募った結果、全国各地から応募があり、合わせて九件が新たに選ばれた。その詳細はのちに譲るが、これが自治体同士に過度の競争意識を生み出す引き金になったとみられる。

地域コミュニティーの積極的な参加が五つ目の「C」として「世界遺産条約履行のための作業指針」で強調されていることに鑑《かんが》みれば、公募はある意味、民主的で地方分権の流れを踏まえた、妥当な選択だったとは思う。だが皮肉なことに、それが結果的に地域間での綱引きの端緒となり、また、いま世界遺産で最大の懸念となっている政治干渉とも密接につながっていくことになる。

登録への条件

少々教科書的になるが、世界遺産の内容と手続きを、ここで簡単におさらいしておこう。

世界遺産は、人類が残した足跡を対象とする「文化遺産」、地球が育《はぐく》んだ希少な環境や生態系に対する「自然遺産」、その両方の性格を兼ねた「複合遺産」の三種類に分けられ、国際的な合意のもとでリストに記載される。二〇一九年夏現在、その数は一一二一件を数える。

「顕著な普遍的価値（Outstanding Universal Value）」、いわゆるOUVを持っていることが大前提だ。その認定には世界遺産委員会の厳格な審議をくぐり抜けなくてはならない。手続きは作業指針に、事細かに定められている。文化遺産については六つ（以下のⅰ～ⅵ）の、自然遺産については四つ（同ⅶ～ⅹ）の評価基準が共通の枠組みで設けられ、登録にはこれらの一つ以上に当てはまることが条件となっている。

その内容は、以下のとおり。

(i)人間の創造的才能を表す傑作である。

(ii)建築、科学技術、記念碑、都市計画、景観設計の発展に重要な影響を与えた、ある期間にわたる価値観の交流、またはある文化圏内での価値観の交流を示すものである。

(iii)現存するか消滅しているかにかかわらず、ある文化的伝統または文明の存在を伝承する物証として無二の存在(少なくとも稀有な存在)である。

(iv)歴史上の重要な段階を物語る建築物、その集合体、科学技術の集合体、あるいは景観を代表する顕著な見本である。

(v)あるひとつの文化(または複数の文化)を特徴づけるような伝統的居住形態もしくは陸上・海上の土地利用形態を代表する顕著な見本である。または、人類と環境とのふれあいを代表する顕著な見本である(特に不可逆的な変化によりその存続が危ぶまれているもの)。

(vi)顕著な普遍的価値を有する出来事(行事)、生きた伝統、思想、信仰、芸術的作品、あるいは文学的作品と直接または実質的関連がある(この基準は他の基準とあわせて用いられることが望ましい)。

(vii)最上級の自然現象、または類いまれな自然美・美的価値を有する地域を包含する。

(viii)生命進化の記録や地形形成における重要な進行中の地質学的過程、あるいは重要な地形学的または自然地理学的特徴といった、地球の歴史の主要な段階を代表する顕著な見本である。

(ix)陸上・淡水域・沿岸・海洋の生態系や動植物群集の進化、発展において、重要な進行中の生態学的過程または生物学的過程を代表する顕著な見本である。

(x)学術上または保全上顕著な普遍的価値を有する絶滅のおそれのある種の生息地など、生物多様性の生息域内保全にとって最も重要な自然の生息地を包含する。

これらを考慮したうえで、候補物件には十分な保全管理が確保されているか、オーセンティシティー(真正性、真実性)やインテグリティー(完全性)が備わっているか、などが検討されることになる。オーセンティシティーとは、その物件が本物であるか、すなわち本来の材料や技術などを保存あるいは踏襲しているか、ということ。インテグリティーは、遺産の普遍的価値を構成するのに必要な要素がすべて含まれているか、それを担保するための保護体制が備わっているか、ということである。

「勧告」はドラマチック

登録の可否に決定権を持つのは、締約国から選ばれた二一カ国の代表で構成する世界遺産委員会だ。任期は六年だが、その機会が多くの国々に均等に与えられるよう、慣習的に四年をひと区切りとしている。その審議の行方を左右するのが、ユネスコの諮問機関による専門家としての評価である。

自然遺産はＩＵＣＮ、文化遺産はイコモス（ＩＣＯＭＯＳ、国際記念物遺跡会議）が担当し、現地視察をへて委員会の六週間前までに「登録（記載）」から「不登録（不記載）」まで四段階の評価を「勧告」することになっている（行政的には「記載」が使われるが、マスコミでは「登録」を使うことが多いので、本書では後者に従う）。その勧告結果をふまえて世界遺産委員会が推薦案件を審議する、という流れだ。

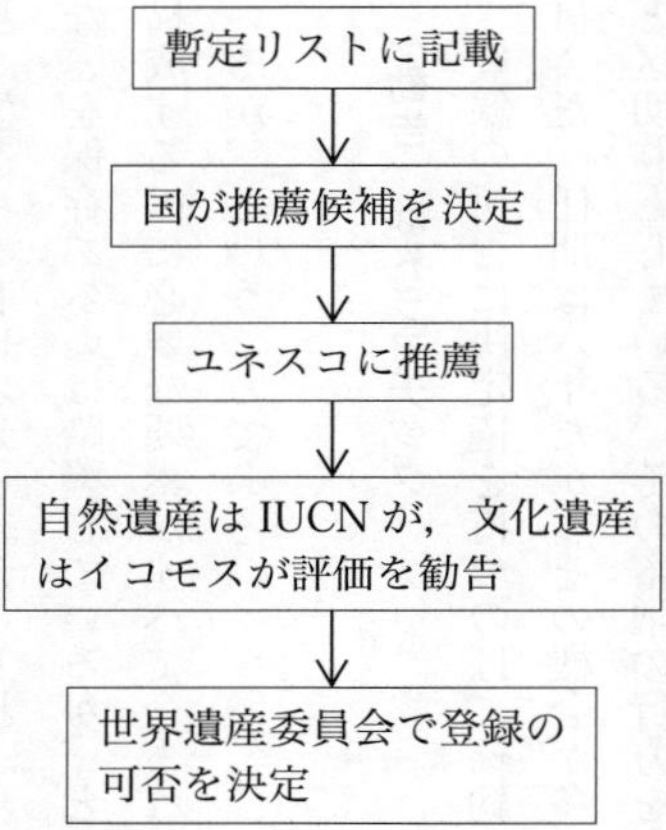
暫定リストに記載
国が推薦候補を決定
ユネスコに推薦
自然遺産はIUCNが，文化遺産はイコモスが評価を勧告
世界遺産委員会で登録の可否を決定

「勧告」について登録に近い順から述べよう。

「登録」は世界遺産にふさわしい価値を持つことを認めたもの。諮問機関がそれを勧告すれば、本番となる世界遺産委員会の審議でも、ほぼ踏襲される。ただ、最近は「条件付き」というやっかいなケースが出てきた。

「情報照会」は候補の価値は認めるがいまひとつ不十分だとして、推薦国に再度追加情報を求めるもの。改めて諮問機関の現地視察は不要で、次回以降の審議が可能である。ただ、そのまま本番で登録決議となる場合も多い。

「登録延期」は改めてコンセプトを修正した推薦書の提出が必要となり、諮問機関の現地視察も再び受けなくてはならない。ただ、この勧告が出た場合も委員会の審議で逆転登録決議になる例は多く、うまくいけば格上げ、そうでなくても格下げになる可能性は少ないから、取り下げずにダメもとで委員会に臨む推薦国も少なくない。

「不登録」は文字どおり、世界遺産にふさわしくないというもの。〝失格〟の烙印を押されるわけだが、この勧告を不服としてあえて委員会に臨むケースも。ただ、もし同じ決議が出されれば二度とその案件は推薦できないというリスクがある。登録への可能性を残すうえでも、審議の前に推薦国自ら取り下げることが多い。

推薦国にとっては、諮問機関の勧告こそが第一の山場と言っていい。時差のあるパリのユネスコ世界遺産センターから伝達されるため、日本では往々にして深夜の発表になる。その結果をめぐり、推薦候補を抱える地元では一喜一憂、悲喜こもごものドラマが繰り広げられる。

もし登録勧告なら、よほどのアクシデントでもない限り、これでほぼ決まりだ。関係者らは歓喜で大騒ぎになる。問題は、それ以外のとき。比較的高評価の情報照会はともかく、登録延期や不登録の場合、残された時間で委員国への説得攻勢をかけて逆転決議に望みを託すか、それとも確実な登録実現をめざし、いったん推薦を取り下げて捲土重来《けんどちょうらい》を期すか、国や関係地方公共団体は悩ましい判断を迫られることになる。

さらには近年、登録勧告を得たものの、一部の構成資産の除外を求められる「条件付き」のケースが目立つ。喜んでいいのか悲しんでいいのかわからない複雑な状況に関係者の戸惑いは広がり、我々マスコミも、どっちにウェートを置いた見出しを付ければよいのか頭を抱える場合が少なくない。これもまた価値付けが一筋縄ではいかない候補物件が増えた結果とも言えるわけだが、それは後述しよう。

欧州宮殿建築の代表として，観光客でにぎわうヴェルサイユ宮殿（フランス）

石の文化、木の文化、土の文化

世界遺産の対象となるのは不動産、つまり建造物や記念工作物、遺跡などだ。文書や絵画など持ち運びができる動産ではないのだが、それがいまひとつ理解されていない向きがある。といっても、付属する動産があって価値が倍増する資産は多いし、両者が補完し合ってひとつの価値をつくり上げるものも少なくないのだから、そう簡単に切り分けられるものではない。

不動産の代表といえば、キリスト教社会の壮大な教会や豪華な宮殿などが思い浮かぶ。贅《ぜい》を極めた石造りの重厚な歴史的建造物は、まさに西洋の世界観を視覚化するシンボルと言ってよいだろう。実際、これらはおびただしい数がリストに登録されている。

半永久的な石造りの建物のイメージ、それは長く世界遺産の価値観を規定してきた。背景には一九六四年に採択されたヴェニス憲章がある。一九三一年採択のアテネ憲章を批判的に受け継いだもので、イコモスの設立もこの理念が柱となった。

その中核となるのが厳格なオーセンティシティーの重視だ。たとえば、歴史的建造物を修復する場合も安易な推測を排除し、当初の部材や技術など、オリジナリティーを最大限に尊重しなければならない。当然、経年劣化が激しく、簡単に朽ちてゆく木材や土などは論外、ということになる。ところが、世界中のあらゆる文化を包含し、人類すべての多様な遺産の受容を標榜する世界遺産条約が広く浸透していく過程で、それでは不都合なことが表面化してきた。

個性的なカトマンズの寺院群（ネパール）

一般に石の文化とされる西洋文化に対して、アジアやアフリカの建築物にはその風土から木材や土、日干し煉瓦《れんが》などが多用されている。カトマンズ（ネパール）のヒンドゥー寺院やマリのジェンネ旧市街、あるいはトンブクトゥなどを思い浮かべればいい。それらは変わらぬ伝統工法と技術で、いにしえの記憶を語り継いできた。古式の伝統儀礼と造営技術を変えることなく、二〇年ごとに式内遷宮を繰り返す伊勢神宮などは、その最たるものだろう。アジアやアフリカには、これらのもろい素材を修理したり継ぎ足したりしながら悠久の年月を超えてきた歴史遺産が少なくない。つまり、ヴェニス憲章を厳格に適用すれば、日本の由緒ある寺社も近世城郭《じょうかく》も、みな世界遺産の資質に欠けるのだ。

単一的価値観からの脱却

一九九四年、画期的な決定が下される。世界遺産奈良コンファレンスで採択された、いわゆる「奈良ドキュメント」である。ヴェニス憲章の精神を拡大し、多岐《たき》にわたる文化的脈絡において弾力的なオーセンティシティーの在り方を認めようとする内容だ。すなわち、西洋の石造建築での修復にありがちな、新たな素材を加えずに現存した素材だけで対応する、オリジナル主義一辺倒で融通の利かない手法から脱却し、たとえば伝統的技術を継承したうえで素材を新たなものに取り換えてきた日本の木造建築などにも真正性を認めようとの宣言である。これによって、世界遺産はよりスムーズに、多様な文化遺産に適応できることとなった。

ただ、課題が一掃されたわけではない。世界とは広いもので、そもそも古いものに価値を見いださず、新たなものに更新していくことこそ美徳だ、という考え方もある。たとえばブータンなどでは、宗教施設は新しく建て替えられることに意義が認められているようだし、ミャンマーなどでよく見かける金ピカの仏像など、その原形がわからなくなるほど金箔を重ね続けることが敬虔《けいけん》な信仰の証しであり、功徳を積むことと信じられてきた。これらには、そもそも時間軸を意識した価値観、すなわち古いものは大切にされるべきだという、私たちにはごく自然な感覚さえ希薄に思われる。しかし、それもまた尊重されなくてはならない地域社会の伝統であり、非難されるべきものではない。

こうなると、過去の人工物に手を加えずに後世に伝えるという世界文化遺産の目的自体、はたして金科玉条と言えるのか、それどころか、巨大なグローバル化の波に洗われてこれら先祖代々受け継がれてきた固有の伝統的価値観や慣習が失われつつあるとすれば、世界遺産条約を奉じる国際社会もまた知らず知らずのうちに地域文化の消滅を助長しているのではないか、という気にもなってくる。身も蓋もないようだけれど、価値観とは、これほど地域によって違うものなのだ。

いずれにせよ、多様性が尊重される潮流のなかで、世界遺産もまた、拡大を続ける多種多様な資産に適切な対処が求められる時代へ突入した、とだけは言えそうだ。

ＯＵＶとはなんなのか

世界遺産の骨格をなすＯＵＶは、いわば不変の綱領だ。国家の枠組みを超え、人類全体にとって傑出した意義を持つことを保証した大前提である。わかったような、わからないような、当たり前と言えば当たり前なのだけれど、とにかく国際社会の誰もが認める世界的な価値といったところか。

「顕著な普遍的価値」なのだから、変えようがない。しかしながら非常に漠然とした、つかみどころのないこの概念は、その抽象性ゆえに様々に解釈されてきたきらいがあり、それが混乱を招く要因ともなってきたようだ。そこで、ＯＵＶとは具体的に何を指すのかを根本から問い直し、改めて定義し直す作業も続けられてきた。

前述のように、登録の目安となる選考基準はある。それらはＯＵＶを具体的に規定する指標ではあるが、その適用にときとして首をかしげる例がないとは言えないし、強引なＯＵＶの定義づけと画一化はかえって多彩な資産の価値観を損ね、固定化した枠に押し込めることにもなりかねない。逆に、状況の変化にともなうＯＵＶの修正や進化も認められてはいるが、場当たり的で刹那的な対応は一層の混乱につながりかねず、これもまた慎重に議論されるべきだろう。

ＯＵＶは世界遺産における選別作業の根拠をなすものでありながら、矛盾を内包している点にも留意したい。「世界の価値ある資産全てが世界遺産一覧表に記載されると思ってはならず、世界遺産一覧表は、むしろ、世界の遺産をバランス良く代表するものとして考えられるべきである」(イコモス二〇〇八「顕著な普遍的価値〈OUV〉：世界遺産一覧表へ文化遺産を記載するための標準に係る概要報告〈一〉」)という認識は、西欧偏重是正の趣旨に沿うものとはいえ、絶対的価値観より相対的なバランスが優先されるとも読み取れる。等しくOUVを擁《よう》するはずの資産でありながら、恣意的な選択を肯定しているような違和感を覚えてしまうのだけれど、みなさんはいかがだろうか。

国々に広がる疑念

世の中に完璧で不変の国際条約などない。世界遺産もまた、社会の変化に合わせて修正を繰り返している。だからこそ、その変化と安定を保証する締約国間の信頼関係は不可欠だ。ところが、ユネスコや諮問機関への疑念が世界的に広がり始めているという。はたして現在の審査制度は信用できるのか、価値付けの正確さ、公平性や客観性は担保されているのか。そんな世界遺産システム自体への不信感があちこちで頭をもたげ始めているというのだ。特に文化遺産において深刻で、背景には多くの推薦候補のエントリーに苦慮するイコモスの限界が見え隠れする。著名な物件が出尽くすのにともなって新規候補の内容は多様化し、認知度が低く価値もわかりづらい物件が増えているからだ。

もともとイコモスは、ヴェニス憲章を受けて一九六五年に設立された世界的な非政府組織(NGO)で、建築史や考古学、保存科学など様々な分野の専門家ら一万人の会員で成り立つ。ユネスコの諮問機関とはいっても緩やかなネットワークでつながった個人の集団だから、ボランティア的に評価作業を受け持つ担当者の負担は大きい。ゆえに、評価対象の複雑化に対応が追いつかず、審査される国々からの信頼が揺らいでいるとの指摘がある。加えて、イコモスの勧告が世界遺産委員会の開催を控えてそう遠くない時期までわからないことに対し、多くの予算をつぎ込み長い準備を重ねてきた推薦国からは、自国の推薦候補の見通しが、いわば「一発勝負」で公表されることへの不満も高まっていた。

イコモス側もそれを自覚したようで、近年、関係締約国をパネルに招いて直接意見交換をする試みを導入した。いわゆる「対話」によって勧告前の推薦国との調整に乗り出したわけだ。問題視されそうな部分については推薦国側が追加情報を出しやすくするための「中間報告」も始まった。スムーズな推薦手続きをめざしてユネスコが進めるアップストリーム・プロセスの進捗《しんちょく》と軌を一にする動きと言えるだろう。

二〇一六年、この年の夏に審議されるはずだった「長崎の教会群とキリスト教関連遺産」の推薦が、イスタンブールでの委員会を前にいったん取り下げられたのは、この「対話」を通じてイコモス側の厳しい評価が事前に伝えられたことによる。長崎県は仕切り直しを決断、イコモスのアドバイザリー・ミッションと呼ばれる支援を受け入れ、助言を得ながら推薦書の見直し作業にとりかかった。その結果、内容はキリシタン潜伏期に焦点を合わせるものとなり、名称も「長崎と天草地方の潜伏キリシタン関連遺産」に変更された。

「対話」の行方

「対話」をめぐっては、露骨なロビイングの抑制を期待する声があるし、推薦国の無駄な作業を省くことができると歓迎する見方もある。イコモスにとっては対象物件への評価を、委員会で関係国に翻弄される心配なしに、よりストレートな形で反映できるメリットもあるだろう。

ただ、推薦国とイコモスが協力して推薦書を作り上げることに対し、はたしてイコモスは公平な価値判断を下せるのか、と懸念する声も聞こえる。なるほど、評価を下す側が評価を下される側と一緒に推薦書づくりをするわけだから、客観性の担保に疑念が出るのもわからなくはない。これについてイコモス側は文部科学省であった会見時に、審査する部門と推薦国に協力する部門との区分けは明確に保証されているから問題ない、と答えた。

ともあれ「対話」の導入は、勧告前にその候補にかかる課題を解決しやすくするという合理的な効果を生み、その結果、勧告では「情報照会」が減って、「登録」と「登録延期」に二極分化される傾向が顕著になっているようだ。他方、イコモスが難色を示した物件の多くが委員会の判断で登録される傾向も見受けられ、関係者からは、「対話」に意味があるのか、といった批判もないわけではない。ポーランドでの第四一回委員会では、五件もの「不登録」勧告が追認決議のリスクを冒してまで委員会審議に持ち込まれており、そこに依然として残る各国のイコモスへの不満を読み取る意見もある（稲葉信子二〇一七「近年の世界遺産の傾向」『月刊文化財』六五二）。

中東バーレーンでの第四二回委員会では、不登録勧告を受けたアラブ首長国連邦などの物件が直前になって取り下げられた一方で、同じ不登録勧告の中国やイタリア、サウジアラビア、ドイツはあえてそのまま審議に臨んだ。不登録勧告については前もって推薦国にその旨を通知する取り決めができているから、いずれも熟考の末の決断なのだろう。サウジアラビアはほぼ地元というメンツで強気の姿勢、中国とイタリアは登録数でトップ争いをしていることもあってか、ともに引くに引けない事情が作用したのかもしれない。しかし、仮に最短登録へのねらいがあったにしても「対話」を機に推薦書を一時取り下げてまで内容を練り直した日本の「潜伏キリシタン関連遺産」に各国から称賛が寄せられたのに比べれば、あまりにも対照的に見えた。

リスクを承知で審議に挑むからには不登録にならないだけの自信と見通しがあるはずだし、当然そこには事前の根回しもあってのことだろう。会場では「出来レースだ」との声も聞こえてきたように、実際、中国とイタリアは「情報照会」へ格上げ、サウジアラビアとドイツにいたってはいきなり「登録」であった。登録決議となった前者の「アハサー地方のオアシス、進化する文化的景観」はオアシスという類型が評価され、後者の「ナウムブルク大聖堂」は多数の教会建築のひとつながら特定資産としての価値がないわけではない、とのことだったようだ（下田一太二〇一八「第四二回世界遺産委員会の概要」『月刊文化財』六六二）。その背景を逐一《ちくいち》具体的に知るよしもないが、結論を一八〇度転換させるだけの折衝プロセスがあったとすれば、「対話」がむしろ、思わしくない評価を受けた推薦国に根回しのための十分な時間を提供し、イコモスの評価との乖離《かいり》をさらに広げる機会を与えてしまったとの見方もできるわけで、この措置がイコモスにとって自家撞着《じかどうちゃく》をはらむ悩ましい結果を誘発してしまったとも言えるだろうか。

「対話」の効果のほどは、いまだ未知数と言わざるを得ない。

3　日本を取り巻く現状

熱い「誘致」運動

日本国内での世界遺産人気は、まだまだ衰えることを知らない。その美しい映像や画像は観光業界でもてはやされ、見る者の旅心をそそる。暫定リストには政府推薦を待つ資産がいくつも控え、新たに登録運動に乗り出す地域や自治体はあとを絶たない。我が町からも世界遺産を、という強烈な郷土愛と結びついて「誘致」運動は盛り上がる一方だ。

マスコミもそれをあおる。テレビや新聞といったマスメディアも、こと世界遺産となると、報道や番組製作に力が入るようだ。確かに国民の関心は高いし、映像もフォトジェニックで、最近はやりの言い方をすればSNS映えするのだから無理もない。

実際、毎年どこかで開かれる世界遺産委員会の現地会場で目立つのは日本のメディアばかり。日本推薦案件の審議予定日近くともなれば、プレスセンターに日本語が飛び交い、会場に設けられた記者の傍聴席には、全国紙やキー局はもちろん、関係する地方紙やローカル局、通信社などが入り乱れて陣取る。会場入り口ではテレビカメラが大挙して待ち受け、政府や自治体の要人が登場するたびに、一斉に取り囲む。その輪のなかに加わってきた私自身さえ、ちょっと異様に思える光景が展開されてきた。もちろん健全な自由競争ではあるのだけれど、ユネスコからは政府を通して、もう少し取材を抑えられないか、などと苦言を呈される始末である。

「遺産」がほしい

なぜ日本で世界遺産がこれほど熱いのかはよくわからないが、その傾向が強まったのは、前述のとおり文化庁が実施した推薦候補の公募あたりからではないかと思われる。

我が国では、それまで国が暫定リストの記載資産を一方的に、すなわち有識者によるトップダウン方式で決めてきた。しかし、文化庁は六年ぶりの記載物件の追加にあたって方針を転換し、二〇〇六年度と翌〇七年度の二回にわたって全国の自治体から立候補を募ることにした。初回は二四件、二回目は前回「継続審議」となったものを含めて三二件の応募があり、初回が四件、二回目は五件が選ばれた。

なるほど公募という選考方法は、民主的ではある。ユネスコもコミュニティーを重視しているし、作業指針では地方公共団体や広範囲にわたる関係者の参加が呼びかけられている。国内的にも地方分権の流れに鑑みれば、自然な成り行きではあっただろう。しかしそれが、「おらが村の宝」を世界に知らしめたい、郷土の誇りを内外に認めてもらいたいとの地域の思いを駆り立て、各地で候補を林立させた。そのPR合戦は、結果的に無用なランキングや競争意識を生み、登録数の抑制をめざすユネスコの思惑と正反対の動きをみせることになった。世界遺産の数こそが文化大国の証しだとばかりに国家の威信を懸けて登録物件の積み重ねに邁進《まいしん》する国もあるが、似たような状況が日本国内で繰り広げられたわけだ。

各候補を擁する関係自治体は、それぞれ自らがつくる有識者会議に世界遺産の専門家を招くことになるのだが、もともとそんな専門家はたくさんいるわけではないので、同じ人がいくつも重複することになってしまう。しかも、国の委員会などで選定する側にかかわっている有識者もいて、摩訶《まか》不思議な現象が見られることになった。

ともかくも、「世界遺産」の看板は確かに語呂がよく、地元を効率的にアピールするのに絶好のツールであるから、自治体が殺到するのもわからなくはない。とりわけ「遺産」という文言は、なんとなくロマンチックであこがれにも似た語感があって、様々な場面で使われ始めた。

あふれる「遺産」

巷では「○○遺産」が花盛りだ。ちょっとインターネットで調べただけで、いろんな「遺産」が見つかる。国連食糧農業機関（FAO）が認定する世界農業遺産もあれば、その日本版といえる農林水産大臣認定の日本農業遺産、国立科学博物館の未来技術遺産、あるいは日本化学会の化学遺産や日本機械学会の機械遺産、国際天文学連合などの天文遺産、情報処理学会の情報処理技術遺産、国際かんがい排水委員会（ICID）の世界かんがい施設遺産、土木学会選奨土木遺産といった学会によるもの、さらに街角遺産や日本夜景遺産、温泉遺産といった個人や民間団体による顕彰事業……。挙げていけばきりがない。

地方自治体によっては、世界ジオパークや世界農業遺産などを念頭に、世界遺産がダメならこっちで、といった無節操な取り組みも見られる。熊本県のように、「阿蘇」の世界遺産登録まで三つのステップを戦略的に掲げたところもある。

ところが、この「遺産」の乱立がインフレを引き起こし、その正確な価値や位置づけをあいまいにした。マスコミさえその軽重がわからず、「遺産」と付けばなんでも世界遺産と同じような扱いをする場合も少なくない。世界遺産の「登録」を「指定」と表現するなど、基本的な知識に欠けた媒体もよく見かける。これではかえって世間の誤解を助長しかねないのだが、他社が大きく扱うならうちも、といったメディア・スクラム的な牽制もあってか、正確な報道がいまひとつなのも、ジャーナリズムに身を置く者として残念なところだ。

順調な登録にブレーキ

こんな高い関心をよそに、近年のイコモスや世界遺産委員会における審査の厳格化は日本の世界遺産戦略にも影を落とし、ますます先が読めなくなっている。

日本の条約締結は一九九二年。文化遺産では「法隆寺」(奈良県)と「姫路城」(兵庫県)、自然遺産では「屋久島」(鹿児島県)と「白神山地」(青森県・秋田県)を皮切りに、年を追って登録物件を順調に増やしてきた。当初、推薦候補は登録勧告から登録決議へとスムーズに流れていた。几帳面な日本人らしく、推薦書の作成能力によるところも大きかったと言われる。

ところが、イコモスが「石見《いわみ》銀山」(島根県)に延期勧告を出した二〇〇七年以降、雲行きが怪しくなった。このときはクライストチャーチ(ニュージーランド)での世界遺産委員会で政府が、鉱山遺跡としては緑豊かな石見銀山の現状に着目して〝環境戦略〟を前面に押し出すことで、起死回生の「逆転登録」にこぎつけた。

だが、幸運は二度続かない。二〇〇八年の「平泉」(岩手県)は延期勧告がそのまま委員会決議となり、登録の実現は三年後までお預けに。日本にとって初めての挫折で、いわゆる「平泉ショック」と呼ばれる。文化的景観である必然性や浄土思想というコンセプトが海外にはわかりにくかったのだろうか。

そこで政府は当初の名称「平泉——浄土思想を基調とする文化的景観」を「平泉——仏国土(浄土)を表す建築・庭園及び考古学的遺跡群」に変更し、なんとか登録にこぎつけた。その努力は委員会で高い評価を受けたようだ。ただ、登録されたのは平泉町の中尊寺、毛越寺《もうつうじ》、観自在王院跡、無量光院跡、金鶏山の五資産で、足並みをそろえてきた一関市《いちのせき》の骨寺村荘園遺跡、奥州市《おうしゅう》の長者ケ原廃寺跡や白鳥舘《しろとりたて》遺跡、平泉町の達谷窟《たっこくのいわや》、さらには柳之御所遺跡さえも外さざるをえない結果になった。これらは現在も「拡張」対象として暫定リストに記載され、推薦を待っている。

〝想定外〟は続く。二〇一三年には「鎌倉」(神奈川県)が、まさかの不登録勧告。武家の都を標榜しながら構成資産に武士の実像や暮らしを彷彿《ほうふつ》させる要素に乏しいことがひびいたようだ。国は将来に可能性を託して推薦書を取り下げた。

二〇一六年は夏に審議予定だった「長崎の教会群」（長崎県・熊本県）も、イコモスから勧告前に厳しい状況が伝えられ、いったん推薦を撤回する事態に。自然遺産も例外ではなく、二〇一八年に登録をめざした「奄美・沖縄」（鹿児島県・沖縄県）はＩＵＣＮからの延期勧告を受けて、仕切り直しのために推薦書を取り下げた。

無事に登録勧告をもらった遺産にしても、ある意味、綱渡りだったと言える。「平泉」の柳之御所遺跡のように、イコモスから除外を求める「条件」が付く場合が現れ始めたからだ。二〇一三年の「富士山」（静岡県・山梨県）では、地理的に離れている三保松原（静岡市）の除外が勧告で求められたが、日本政府は「芸術の源泉であることを担保し、信仰の対象としても重要」だと訴え、世界遺産委員会での撤回に成功した。二〇一七年の「宗像《むなかた》・沖ノ島」（福岡県）も、当初認められたのは主要構成資産八件のうち中核をなす沖ノ島など四件だけ。政府はこれらが一体のものだと訴え、最終的に委員会で八件すべてをなんとか一括登録に持ち込んだ。いまや登録勧告といっても、手放しで喜べる時代ではなくなったのである。

悩める候補たち

一方で、暫定リストには店晒しの物件があることを忘れるわけにはいかない。

国内選考は推薦書の完成度が重視されるので、それが低い物件は後回しとなる。その結果、

「彦根城」(滋賀県)は一九九二年の記載以来、四半世紀を迎えてもなお足踏みが続く。同じ近世城郭として登録に先んじた姫路城との違いを、明確に打ち出せないのだ。二〇一八年にようやく文化審議会で推すことが決まった「北海道・北東北の縄文遺跡群」(北海道および青森県・岩手県・秋田県)も、長いこと国内推薦に手を挙げては落選を重ねた。推薦を取り下げた「鎌倉」もまた、再挑戦への決定的な打開策を見いだせていないように思える。これらを擁する自治体は先の見えない長期戦に疲弊し、予算獲得やモチベーションの維持に苦労の日々をおくらざるを得ない。

暫定リストの記載物件はまだ、いい。問題は暫定リスト入りに失敗し、その下に連《つら》なる多くの〝予備軍〟である。カテゴリーⅠとカテゴリーⅡに分けられ、さらにカテゴリーⅠはaとbに細分された。Ⅰはともかく、Ⅱについては「現在のイコモスや世界遺産委員会の審査傾向の下では、顕著な普遍的価値を証明することが難しいと考えられるもの」(文化審議会文化財分科会世界文化遺産特別委員会二〇〇八「我が国の世界遺産暫定一覧表への文化資産の追加記載に係る調査・審議の結果について」)であり、ほぼダメだしされたに等しい。にもかかわらず、わざわざカテゴリーを設けたことは、いまにして思えば記載への含みを残したとも受け取れ、関係自治体に淡い期待を抱かせ続けることになった。

登録運動の功罪

公募制は、ともすれば独りよがりになりがちな地域の視点を全国的に相対化させ、それぞれの文化遺産の正確な立ち位置を自覚させる貴重な機会となった。

あの「富士山」にしても、そうだ。「富士山」は最初、自然遺産をめざした。確かに、高嶺を真っ白な冠雪が覆い、安定感ある均整の取れた孤高の名峰は、世界的にもまれに見る美しさ。まさに日本の象徴たるにふさわしく、多くの人が自然遺産になって当然だと思ったのも無理はない。だが、その登録へ向けた作業のなかで、同じコニーデと呼ばれる成層火山は世界的にそれほど珍しいものではないと知ったとき、誰もが愕然としたはずだ。

自然遺産への道を阻《はば》んだ理由は、ほかにも登山道のゴミやトイレ問題など多岐にわたるようだけれど、そうかといっていきなり文化遺産に鞍替《くらが》えするのは、やはりかなり無理があると思われた。ただ、文化芸術の源泉としての側面をクローズアップさせて軌道修正していくなかで、あぶり出されてくる富士山の隠れた魅力を改めて知ることにもなったのではないか。世界を相手に自らの推薦候補の価値を見つめ直す作業は、根拠のない思い込みや「井の中の蛙《かわず》」的な地域至上主義をただすうえでも、またとない機会になるはずだ。

ともあれ、世界遺産への第一関門とも言える暫定リスト入りをめざした自治体のうち、残念ながらその多くは、期待どおりの結果を得ることができなかった。

振り上げた拳をおろすのは意外に難しい。世界遺産運動をスタートさせるにあたって組織内に世界遺産登録推進室や推進課といった部署を設けた自治体も多いはずだが、期待した思惑がいったん頓挫すれば、その存続には県民や市町村民の理解を得る必要が出てくる。予算をつける以上、議会への説明責任があるだろうし、将来に向けていかにモチベーションを維持していくかも大変な作業だ。シンポジウムひとつ開くにも、現実に目をそむけていつまでも夢を追うようなわけにはいかない。かといって、世界遺産というテーマを切り離し、新たな地域活性化策のなかに候補たちを位置づけ直そうとしても、それは案外、難しいことなのだ。

「最上川の文化的景観」(山形県)のように、自治体自ら撤退する例がなかったわけではない。もっとも、これとて政権交代がらみの産物と言えなくもないし、必ずしも純粋な学術的判断のみにもとづく戦略的な結論というわけではなかったようだ。

そんななかで二〇一五年、文化庁が推進する「日本遺産」という受け皿が現れることになるのだが、それについては後述しよう。

公募制の限界

二〇一九年は「百舌鳥《もず》・古市古墳群」(大阪府)が夢を手中にし、二〇二〇年は自然遺産の「奄美大島、徳之島、沖縄島北部および西表島」(鹿児島県・沖縄県)が登録をめざす。あとに続く候補がどれになるかにも注目したいけれど、それ以上に、減ってしまった暫定リストの補充も気になるところだ。

政府推薦は「佐渡の金山」(新潟県)や「飛鳥・藤原の宮都」(奈良県)、あるいは「彦根城」などリストが底をつくまで既存の案件でいくのか、それともリストに追加した新規のものを立てることになるのか。その場合、どのように補充するのか、再び公募で立候補を募るのか。

いずれにせよ、登録への道筋がますます険しくなるなか、いくつもの曲折を経験した「潜伏キリシタン関連遺産」(長崎県・熊本県)のような例が増えるかもしれない。OUVを満たさずに登録が見込めない候補が増えれば、やがては毎年一件ずつコンスタントに推薦することもできなくなる。二〇〇五年にカザンで開かれたOUVをめぐる専門家会合でも、暫定リストには現実的に世界遺産登録の見込みがあるものを記載するべき、との勧告が出ているから、リストを埋めるだけの安直な数合わせをするべきではないだろう。地域の要望に押されるがまま惰性的あるいは義務的に推薦を続ける時代では、もはやない。

また、公募方式だけでは今後の推薦作業に対応しづらい事態が表面化している。世界遺産へ向けた手続きでは、国と関係自治体が連携して登録をめざす。だから、国と地方、そして関係自治体同士の信頼関係は欠かせない。しかし、複数の自治体にまたがる資産群が増えるなか、後述する「宗像・沖ノ島」のように除外条件付きの登録勧告が出た場合、自治体間で明暗の分かれるケースが出てくる可能性を否定できない。

実際、宗像市と福津市にまたがる「宗像・沖ノ島」では、イコモス勧告を受け入れれば、古墳群を有する福津市は切り捨てられかねなかった。「平泉」では、推薦から外した奥州市や一関市の候補物件について、拡張をめざして暫定リストに残す措置がとられたが、他の候補にも同じ手当を期待できるわけではない。結果として、公募制が自治体間の分断を誘発する懸念もないとは言えないのだ。

世界遺産「シルクロード」の一角を占める西安の大雁塔(中国)

一方、ユネスコは国境を越えた複数国の共同申請、いわゆるトランス・バウンダリーの推薦を推奨しており、中国とカザフスタン、キルギスによる「シルクロード」(二〇一四年登録)はその典型例である。シルクロードといえば、いくつものオアシスをつないでユーラシア大陸を東西に貫く壮大な交易路だ。国際色豊かな宝物で有名な正倉院を擁するいにしえの都、奈良はその東端に連なり、シルクロードの終着点を自負する。

ところが残念なことに、日本は世界遺産「シルクロード」に含まれていない。西域を愛し、その文物保護に尽力した故・平山郁夫画伯が提唱し、推薦書の策定には日本の専門家が協力してきたにもかかわらず、である。一部の研究者は「このままでは、シルクロードから日本が外されてしまう」との焦りと危機感を隠さない。だが、中心となった中国や推薦書の提出国であるキルギスなどを相手に「シルクロード」への追加の働きかけをするにも国家間の交渉は避けられず、仮に、中国から東へ延びるルートの新規登録を別途、韓国などと一緒に模索しようとしても、公募制ではその手立てがないのだ。

海外との共同申請となると外務省など複数官庁の協力が必要となり、特に文化遺産では現行の推薦制度と異なる枠組みやいくつものチャンネルが不可欠となる。大陸をまたいで登録された「ル・コルビュジエの建築作品」(二〇一六年登録)には東京の国立西洋美術館が含まれるが、これはフランスの呼びかけに我が国が応じたものであり、現状では日本から積極的に外国へ共同申請を持ちかけるシステムにはなっていない。つまり、国境を越えてつながるシリアル・ノミネーションの増加を前に、現行制度は限界を迎えたと言えそうだ。

広域資産の難しさ

シリアル・ノミネーションとは、広域に点在するいくつもの資産をひとつのストーリーで結びつけ、同一の枠にまとめる、近年はやりの手法である。登録物件の増加にともない、単体で十分な存在感を主張できるめぼしい構造物が減少するなか、その出現は必然であった。だが、説得力あるストーリーをつくるのは案外難しく、これもまた思わぬ足かせになりつつあるようだ。

四道県にまたがる「北海道・北東北の縄文遺跡群」は典型的なシリアル・ノミネーションだ。しかし、関係自治体は資産群を当該地域に限定する理由の説明に窮してきた。なぜなら、縄文遺跡は日本列島を広く覆っているからだ。しかも、縄文時代中期などは過剰な装飾を特色とする勝坂式土器文化のごとく、むしろ関東地方や中部山岳地帯が目立つ存在だし、草創期や早期の南九州では上野原遺跡（鹿児島県）のような、列島に先駆けた特殊な縄文文化が知られるようになった。なぜそれらが含まれないのか論理的な説明ができない限り、不完全なストーリーとのそしりを免れない。無理にこじつけようとすればローカルな面を強調せざるを得ず、かえって自らの価値を矮小化してしまうジレンマに陥る。

「明治日本の産業革命遺産」もまた、八県一一市に及ぶ本格的なシリアル・ノミネーションである。もともと九州地方知事会の政策連合項目として生まれ、その名も「九州・山口の近代化産業遺産群」として出発した、広域連合の性格を持つ資産群だ。

西洋列強の圧力をまともに受けた西国雄藩の活躍や官営八幡製鉄所の設置など、この地域が近代化に大きく貢献したのは言うまでもない。けれど、それでも近代日本を牽引した資産は九州や山口だけではないとの声は常々あった。それを考慮して韮山《にらやま》反射炉（静岡県伊豆の国市）と橋野鉄鉱山（岩手県釜石市）が追加されたが、もちろん近代化遺産はそれ以外にもあちこちにあるわけで、より正確を期そうとすればするほど該当資産は増え、ストーリーはあいまいになってしまう。どこかで線を引くことが必要になるが、外される側としては割り切れない思いが残るだろう。

つまりここでも、面的に広がる資産に明確な垣根など存在しないにもかかわらず、地域単位の公募制を採ったがゆえに他の類似資産と強引に区別をしなければ代表性が保たれないという、ある意味排他的とも言える、悩ましい事態が生じてしまったのである。

逆に大阪府の一地域に限定しているのが「百舌鳥・古市古墳群」だ。古墳は東北地方から南九州まで列島の東西にあまねくあるが、線引きの根拠となるのはその規模と密集度である。これはわかりやすい。大和政権の中心は畿内だし、全国を代表する前方後円墳の大王陵が集中するのはまぎれもなく近畿地方だから、この資産群が古代日本の中枢として特別な意味を持つことに異論はないだろう。

とはいえ、それでも巨大古墳の先駆けは大阪よりも奈良盆地にあるし、近年は吉備や出雲にも独自の地域文化圏が存在したことがわかってきた。いわゆる前方後円墳体制を前提に古墳の造営システムを百舌鳥・古市古墳群のみに一元化しようとすれば、古墳文化の多元性や本質を見失うことになりかねない。複数の類似資産をまとめるという作業は思いのほか難しいのだ。

二つの保存管理体制

本書の校了も間近に迫った二〇一九年七月六日、第四三回世界遺産委員会が開かれていたアゼルバイジャンの首都バクーから、「百舌鳥・古市古墳群」無事登録の吉報が届いた。これに先立つ五月、イコモスは登録勧告を出しており、予想どおりの展開ではあったけれど、教科書でもおなじみの真打ち登場とあって各紙の大阪版紙面はどこもにぎやかだった。

「古墳群」の構成資産は全部で四九基。国内最大の大山《だいせん》古墳(伝仁徳天皇陵)を筆頭に、巨大な前方後円墳から小さな円墳・方墳まで、大小様々だ。この豊かなバラエティーこそが、古墳の規模が極限に達した五世紀、初期国家形成期を迎えた日本列島の実態を如実に物語るわけだが、イコモス勧告まで一抹《いちまつ》の不安を抱えていた関係者は多かった。巨大古墳はともかく、いくつかの小規模な古墳たちは除外を求められるのではないかとの思いをぬぐいきれなかったのだ。

ところが、ふたを開ければ、意外にあっさりと〝満額回答〟。勧告の時点でほぼ「当確」となり、うれしい誤算ながら少々肩すかしをくった感もある。特に懸念材料もなくなったので、残念ながら私もアゼルバイジャンでの現地取材を府知事や地元市長らに同行する社会部記者に譲り、国内で後方支援に回ることになった。

もちろん、「古墳群」の行く手に課題がないわけではない。この資産最大の特徴は、文化財保護法に基づく文化庁所管の「史跡」とともに、宮内庁が管理する「陵墓」という、二つの異なる保存管理体制が並立していることだろう。陵墓参考地も含めて陵墓は天皇家の祖霊をまつる墓域であり、「静安と尊厳」を保つために一般の立ち入りが禁じられている。「古墳群」でも中核となる国内有数の巨大古墳は、軒並み陵墓である。非公開という意味では沖ノ島と同じだが、国家が立ち入りを規制する点で、意味合いを大きく異にする特殊な閉鎖空間と言ってよい。

この陵墓という厚いベールが、歴史遺産としての学問的な進展を阻んでいるのも事実。急速に進む考古学的研究から見れば、古墳の築造年代と宮内庁比定の被葬者の多くが矛盾するというのが、学界の大勢を占《し》める見解だ。しかし、それを証明するための発掘調査は許されない。にもかかわらず、世界遺産推薦書での名称は「仁徳天皇陵古墳」や「応神天皇陵古墳」などとされたため、学界の一部には、被葬者が確定しないままこの名称が独り歩きして社会に定着し、議論自体が忘れ去られていくのではないかと憂慮する声がくすぶる。

とはいえ、「陵墓」も「文化財」も同じ保護制度には違いない。ならば、この二つのシステムをいかに効率的に運用していくか、が問題だ。巨大古墳がひしめく陵墓の保全管理は、もはや宮内庁だけでは限界に来ているとの指摘もある。推薦対象の時間的枠組みに合わなかったり保存状況に問題があったりして構成資産から外れた古墳も少なくないし、百舌鳥・古市古墳群のほかにも世界的価値を持つ古墳は全国に散らばっている。それらをも包括する網羅的な保護施策を、文化庁と宮内庁、地元自治体、そして地域社会が一体となって構築できるかどうか。日本の歴史遺産を取り巻く環境は新たなステージに突入した。

文化財のピラミッド構造

地元の歴史遺産に愛着を持つのはすばらしいことだ。アイデンティティーの再発見につながるし、文化財保護意識のボトムアップにもなる。疲弊した地域を元気づける活力剤にも有効だろう。だが行きすぎれば、決してプラス面ばかりとは限らない。国内文化財の階層化は、その典型例ではないか。世界遺産への参入は、それにいっそう拍車をかけることになった。

文化あるいは文化財に上下の差はない。確かに正論である。しかし保護システムの手段として選別をともなう以上、序列化は避けられない。その結果、国内の文化財はもとより世界遺産、特に世界文化遺産と国の史跡や重要文化財との間にも、一種の縦関係ができてしまった。具体的には、未指定文化財の上に市町村の指定文化財、次に都道府県の指定文化財、そして国の指定・選定文化財、さらにその上位に世界遺産が載る構図だ。そのイメージは市民社会にすっかり定着したかにみえる。

そもそも理念の異なる世界遺産と国内文化財の間に、こんな格付けはナンセンスなのだけれど、世界遺産の政府推薦には文化財保護法下の文化財であることが原則となっている現状をふまえれば、その序列化は暗黙のうちに了承されてきたと言ってよい。だから、全国の自治体はこぞって世界遺産をめざし、「誘致」に走るのだ。わずかな世界遺産の下に膨大な国や自治体の指定物件がひしめくいびつなピラミッド構造は、日本が世界遺産条約を締結した時点で運命づけられていたのかもしれない。

だが考えてみると、国内文化財の上位に世界遺産を持ってくるならば、それらはすべて国宝級や特別史跡級であってしかるべきなのだが、実際はそうではない。重要文化財もあれば史跡もあるし、重要文化的景観や重要伝統的建造物群保存地区の場合もあって、様々なカテゴリーが入り乱れている。とても秩序だったヒエラルキーとは言えないが、逆に言えば、国宝級ではないからこそ自らが擁する文化財にそれ以上のステータス、すなわち世界遺産が持つ付加価値を呼び込みたいという、関係自治体の涙ぐましい思いが透《す》けて見えるのだ。

もともと世界遺産とは選別主義をはらんでいるものであるから、同種の資産が選ばれにくいシステムは条約自体の持つ構造的な「欠陥」であり、これに対して批判もある。しかし、そのゆがみこそが世界遺産ブランドを保証し、希少価値を付与しているのも確かだ。のちに紹介する、建前上、厳密な選別を必要としないはずの無形文化遺産保護条約が、その崇高な理念とは裏腹に、人気の面で世界遺産条約におくれをとっているのは、そんな理由もあるのではないか。

相互補完的関係の構築を

ともあれ、国内公募は結果的に自治体同士の競争意識をあおり、遺産自体のランクづけを加速させることになった。言うなれば、勝ち組と負け組をつくってしまったわけである。それは文化審議会や文化庁の責任ばかりでなく、地方自治体の短絡的な理解や願望もなかったとは言えないだろう。実際、提案書を俯瞰《ふかん》すると、なぜこれが世界遺産でなくてはならないのか、と首をかしげる物件も多く、OUVの適用はどう見ても難しいといったものも散見された。

公募が見過ごされてきた地元の歴史遺産に再び光を当て、新たな価値観を与えた意義は小さくない。大事なのはそれをどう使うか、である。暫定リストから漏れた、あるいは推薦がうまく進まないといった場合、自分たちが推す資産には価値がないのだという雰囲気が地元に蔓延することになれば、世界遺産の登録運動は逆効果である。公募という全国区での相対化作業を通して地域間に優劣意識が芽生えたり、文化財保護へのモチベーションが失われたりするならば、それはデメリット以外のなにものでもない。

成立の経緯や運用、理念など様々な面で一致しない世界遺産条約と国内制度ではあるけれど、人類の財産を後世に引き継ぐという目的は同じだ。序列化や感情的な壁を超えて、相互補完的な関係の構築をどう進めていくか、が問われている。

脅かされる自然遺産

最後にひと言、自然遺産に触れよう。私は文化部記者として活動してきたので、主な取材対象は文化遺産だ。自然遺産については、朝日新聞でいえば環境省を受け持つ科学医療部の範疇に属するのだが、文化遺産と比較するうえでも大事なことなので、少しだけ言及したい。

自然遺産が世界遺産全体に占める割合は二割ほどにすぎない。しかし、国家や民族を超えた地球環境の傑作が対象だから、いずれも厳選されたものばかりである。二〇一九年夏現在、国内にあるのは「屋久島」(鹿児島県、一九九三年登録)、「白神山地」(青森県・秋田県、一九九三年登録)、「知床」(北海道、二〇〇五年登録)、「小笠原諸島」(東京都、二〇一一年登録)の四件だ。微妙なバランスによって生態系が保たれている自然遺産では、しばしばオーバーユースが問題となり、入島税や入山規制導入の是非が議論されてきた。

屋久杉の王様「縄文杉」

「屋久島」の縄文杉に会いに行ったことがある。

その道のりは往復一〇時間余り。日の出とともに山に入り、日の入りまでに帰って来なくてはならないから、ただひたすら歩く。くたびれ果てて足が進まなくなったとき、縄文杉が眼前に現れる。その威厳と神々しさ。しばしの間、我を忘れて呆然と見つめ、そして私たちは縄文杉から復路のエネルギーをもらう。そんな感動を得たいがために、大勢の人が縄文杉をめざす。

ときには年間九万人もの来訪者でごった返した縄文杉もまた、むき出しになった根を踏みつけられ、樹勢は年々弱っていったという。縄文杉への一本道にはトイレも少なく、糞尿による森の水質汚染が問題化したこともある。そんなことに思いをめぐらせる訪問者は、どれくらいいるだろうか。

「白神山地」は広大なブナの原生林で知られる。疲れた現代人を癒やしてくれる森林は、観光客にも人気だ。しかし、入山者の靴についたオオバコの種がここで繁殖し、生態系を危険にさらしてしまった。「小笠原」では、かつて人為的に持ち込まれて野生化したノヤギが植物を食い荒らし、グリーンアノールという北米原産のトカゲが、オガサワラシジミなど希少な昆虫類の脅威になっている。

二〇一七年、国内五番目となる「奄美・沖縄」がユネスコに推薦され、その年、IUCNの現地視察を受けた。翌二〇一八年の世界遺産委員会で登録が実現すれば、これをもって日本列島の貴重な生態系をほぼカバーできるはずだった。

ところが勧告は、まさかの「登録延期」。沖縄本島にある米軍訓練場の影響が心配されていたが、現地視察では問題なかったようだとの感触を得て地元には楽観ムードさえ漂っていただけに、関係者のショックは大きかった。二〇一六年に返還された元米軍北部訓練場が含まれていないこと、候補地が四島二四カ所に及び分断されていること、などが問題視されたようだ。国と地元自治体は協議のうえいったん推薦を取り下げ、推薦書を修正して捲土重来を期すことになった。幸い、二〇二〇年の登録に向けて再び政府推薦を得たが、ここでもマングースや野生化した猫、外来植物対策は悩みの種となっている。

民族のアイデンティティーや国家のエゴが絡みやすい文化遺産と違い、自然遺産は普遍的なものなので、その評価に感情論が入る余地は少ない。IUCNはNGOながら、文化遺産を担当するイコモスに比べて財政基盤が比較的しっかりしていることも、真摯《しんし》な評価を担保する背景になっているようだ。だから、IUCNの勧告は厳しく、重い。加えて文化遺産同様、自然遺産にも登録抑制策や審査の厳格化という近年の傾向が及んでいるのだろうか。

自然と人間の共生とは、口で言うほど易しいものではない。世界遺産になったがために脚光を浴び、観光客が殺到して微妙な環境バランスを壊してしまう、そんな例はあちこちで見られる。もの言わぬ自然にとって、世界遺産など人間が勝手に決めた迷惑な存在でしかないし、人間社会が繰り返してきた環境破壊に対する贖罪《しょくざい》、言い訳にすぎない——。私たちは、そう思われているのかもしれない。

第二章　世界遺産は生き残れるか

アヤソフィアからブルーモスクを望む（トルコ・イスタンブール）

1　多様化する遺産——「宗像・沖ノ島」が残したもの

宗像・沖ノ島から

二〇一七年の夏、「『神宿る島』宗像・沖ノ島と関連遺産群」(福岡県)がユネスコの世界文化遺産に登録された。念願の登録に地元はわいたが、これからの世界遺産を取り巻く厳しい現実を予見する課題も垣間《かいま》見《み》えたように思う。

その評価は、すんなりとはいかなかった。審議に先立つイコモスの勧告では半数の資産に除外を求める「条件」が付き、登録を勝ち取るまでは推薦国と世界との認識が割れるなかでの綱渡りだったのである。この傾向は近年の推薦案件一般に敷衍《ふえん》できるものであり、「宗像・沖ノ島」は、OUVという、一見とらえどころのない概念をめぐって表面化する諸課題と矛盾の一端を如実に投影したと言えそうだ。

ここではポーランドで開かれた第四一回世界遺産委員会の現地取材をはじめとした一連の報道に携わるなかで私が見た世界遺産の問題点を、「宗像・沖ノ島」登録までの経緯を交えて報告することにしよう。

聖なる女神の島

九州本土から約六〇キロ。周囲わずか四キロほどのその島は、荒波で知られた玄界灘《げんかいなだ》の水平線上に忽然《こつぜん》と現れる。北限ともいう深い照葉樹林に覆われ、切り立った崖は近づく者を断固として拒否する峻厳《しゅんげん》さを放つ。宗像大社の私有地で、原始の森のなかに宗像三女神のひとり、田《た》心姫神《ごりひめのかみ》をまつる同社の沖津宮が鎮座し、千年以上の長きにわたって崇敬を集めてきた。

絶海の孤島，沖ノ島

その昔、沖ノ島は「海北道中」の要であった。「海北道中」とは、八世紀編纂《へんさん》の『日本書紀』に出てくる文言だ。

遠い神世のこと、高天原《たかまのはら》で天照大神《あまてらすおおみかみ》と弟スサノオが誓約《うけい》を交わした際、三柱の女神が生まれた。福岡県宗像地方に勢力を張った宗像氏（胸肩君）の祖となる神々で、名を田心姫神、湍津姫《たぎつひめの》神《かみ》、市杵島姫神《いちきしまひめのかみ》という。天照は彼女らを天下らせ、「海路にいて天孫を助けよ」と命じた。そこで三女神は「道主貴《みちぬしのむち》」とも呼ばれる。道をつかさどる神の意味だ。

この三姉妹、海に由来する自然神らしいことにほぼ異論はなさそうなのだが、実に謎めいている。田心姫は水の流れ、あるいは濃霧の神格化ともいう。なるほど、沖ノ島が浮かぶ玄界灘

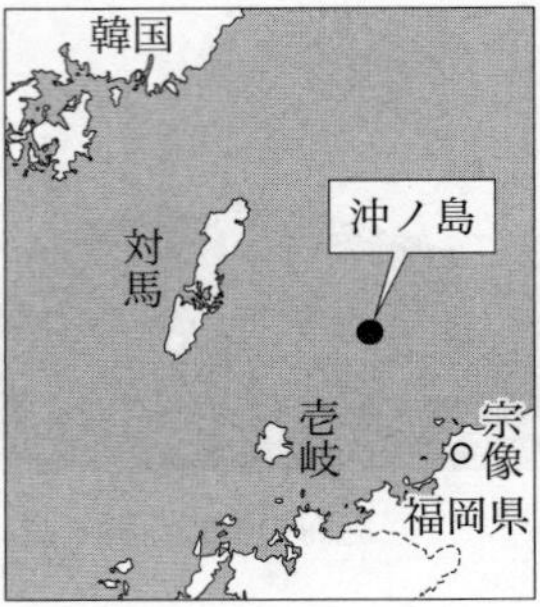

に流れ込んだ対馬《つしま》暖流は日本海特有の深い霧を生み出し、『日本書紀』の一書には「田霧姫」との表記もあるほど。そんな神話に付会させれば、霧にかすむ沖ノ島はますます神秘的に見えてくる。

湍津姫は、潮流が激しく流れ逆巻く様の神格化らしい。そして、市杵島姫。「弁天さま」と同一視され、文字どおり斎《いつ》き祀《まつ》る島、つまり沖ノ島との関連もにおわせる。三女神はもともと一柱の神だったとの見方もあり、いずれも荒波洗う日本海の、潮の香りがよく似合う。

そんな女神たちが降り立った海が「海北道中」である。古来、遣唐使船をはじめ無数の船が朝鮮半島や大陸をめざして行き交った玄界灘の航路、その要が沖ノ島であった。漁師も恐れる三角波が立つ難所だけに、天照が航海の無事を三女神に託したのもゆえなきことではない。

大海原にぽつんとたたずむ姿はいかにも辺境の小島だけれど、地図を開けば、山口、九州本土、壱岐《いき》、対馬が配された円のど真ん中に沖ノ島は位置している。古代の船乗りたちにとって沖ノ島はまさに孤独な旅路の道しるべであり、命綱であった。誰もがわらをもつかむ気持ちでこの島を探し求めたに違いない。そんなところから、沖ノ島へのあつい信仰が生まれたのではなかったか。

厳格な宗教的禁忌

ところがこの島、ほとんど世に知られていなかった。厳格な宗教的タブーに守られていたからだ。一木一草一石たりとも持ち出してはいけない。島内で見聞したことを口外してはならない。女性の上陸も禁じられ、禁忌と畏怖《いふ》の念が世俗の目をそらして、いにしえの姿をタイムカプセルさながらに守ったのである。まさに歴史の奇跡というほかはない。

原始林に覆われた沖津宮の周りには巨石が点在する

福岡藩の学者、貝原益軒の記録によれば、あるとき黒田の殿様が沖ノ島の神宝を福岡城に持ち込むと、それが鳴動して光を放ったので驚いて返した、という。はたして神罰なのか、単なる作り話なのか知るよしもないが、こんな沖ノ島への畏《おそ》れは、ごく最近まで庶民の心にも深く刻まれていたようだ。

戦時中、島には砲台が築かれるなどしたものの、いまも神職一人が一〇日交代で常駐するのみ。特別な場合をのぞき一般の上陸は許されないが、幸いなことに私は取材の機会を得て複数回上陸したことがある。

高速船で波にもまれること一時間余り。いずれのときも波は高くなかった。海が大いに荒れて船酔いしたうえ上陸を断念したとのうわさもよく耳にするだけに、女神に気に入られたのだろうか。

上陸にあたってはまる裸になって海に入り、みそぎをする。夏はいいが、冬はたまらない。身を清めたあと鳥居をくぐり、沖津宮が待つ深い森へ向かう。長い石段を上り詰めると社が見えてくる。しっとりと水分を含んだ空気に包まれ、女神が降臨した磐座だろうか、巨大な岩が寄り添う社に神威を感じ取るのは、そう難しいことではなかった。

「海の正倉院」

沖ノ島は「海の正倉院」と呼ばれる。発掘調査で出土したおびただしい神宝ゆえである。戦後、この島に画期が訪れた。島全体がご神体という禁断の聖域に、本格的な調査団が足を踏み入れたのは一九五四年のことだ。以後三次にわたって調査が実施され、神秘のベールがはがされることになる。

群れなす巨岩の上や岩陰、あるいは露天の祭祀跡から、次々と遺物が現れた。「卑弥呼《ひみこ》の鏡」かと論争のある三角縁神獣鏡など、大型古墳の副葬品に匹敵する七〇枚以上の青銅鏡、豪華な馬具や武器・武具の数々、船や馬をかたどった膨大な滑石製品……。出土品の分析から、四世紀後半から一〇世紀にかけて岩上、岩陰、半岩陰・半露天、露天へと、舞台を移動させながら祭祀が継続したことが明らかになり、大和政権が約五〇〇年にわたって奉献し続けた国家航海祭祀の痕跡が白日のもとにさらけ出された。初期の奉献品は有力古墳の副葬品と同じだが、ある段階からそれらと決別して神祭り独自の品々に変化することも判明した。

『延喜式』記載の祭儀にも通じる金銅製高機《たかはた》など精巧なミニチュア品は、『皇太神宮儀式帳』(九世紀)にある伊勢神宮の御神宝との共通点が少なくないといい、古代祭祀の原形が五世紀中ごろの沖ノ島にすでに存在していたことをうかがわせる。

金製指輪は朝鮮半島の古代国家、新羅《しらぎ》の王墓(慶州)の出土品にも似て、まばゆいばかりの輝きを放つ。中国・敦煌莫高窟《とんこうばっこうくつ》の壁画にも描かれた金銅製龍頭《りゅうとう》や唐三彩《とうさんさい》の壺、シルクロードを通じてもたらされたのであろうササン朝ペルシャのガラス碗といった珍品もある。総数なんと八万点、すべて国宝だ。質量ともに、古代国家が寄せた「道主貴」への信頼を物語ってあまりある内容ではないか。

これらの成果が示すところは、古代日本という国家の成長過程にほかならない。併せて古代東アジア世界の対外関係をも鮮明に映し出すことになった。

沖ノ島祭祀が始まった四世紀代といえば、現在の中国吉林省の集安に存在する「広開土王碑文」に刻まれた有名な派兵記事や、百済《くだら》が三六九年に製作して倭国《わこく》に贈ったという奈良・石上《いそのかみ》神宮伝来の七支刀《しちしとう》にみるように、朝鮮半島北部の高句麗《こうくり》が南下を開始し、南部の百済への圧迫を強めたころだ。沖ノ島祭祀には、百済と手を結んでそれに対抗した倭政権の、軍事行動をともなう朝鮮半島への渡海行動とも密接な関係が指摘されている。初期の奉献品が三角縁神獣鏡や武器・武具、馬具類など古代王権下の古墳副葬品と一致するのも、その傍証になるだろう。

祭祀の主宰者が古代倭王権で、地元の宗像族を組み込んだ形で挙行されたのは通説となっているものの、いまなお多くの異論がある。倭の船に同乗した外国の使いの参加を想定する見方もあるし、むしろ倭王権に敵対する新羅の使いや、新羅とよしみを通じた筑紫君磐井《ちくしのきみいわい》らの関与を指摘する見解さえある。韓国西南部の竹幕洞《ちくまくどう》祭祀遺跡では、日本と朝鮮半島の勢力が同じ舞台で航海祭祀を行ったとみられ、百済や伽耶《かや》諸国の遺物、倭人の滑石製品などが出土し、実にインターナショナルだ。沖ノ島祭祀は海を通じて世界とつながっていたのである。

登録決定に至る経緯

世界遺産「宗像・沖ノ島」が誕生したのは、ポーランドの古都クラクフ、最古参の世界遺産のひとつでのことだった。第四一回委員会の会場は、ヴィスワ川を見下ろすヴァヴェル城の対岸に位置するＩＣＥクラクフ・コングレスセンター。次々と各国の代表が到着する朝の会場入り口では、金工作家でもある文化庁の宮田亮平長官が「言葉よりビジュアルで」と、自ら絵筆をとった鳥瞰図片手に委員国の代表を待ち構え、支援を求めるという熱の入れようであった。

予想より一日遅れの七月八日午前、「宗像・沖ノ島」の審議が始まった。現地では政府や地元自治体の関係者がその成り行きを、固唾《かたず》をのんで見守る。いくつかのやりとりの後、会場に木槌の音が響き、拍手がわき起こった。悠久の時間になかば忘れ去られてきた小島が、一躍世界の脚光を浴びた瞬間だった。

「宗像・沖ノ島」を審議する世界遺産委員会(ポーランド・クラクフ)

もともと沖ノ島の知名度は低かった。宗像大宮司家の断絶や社勢の衰退、それに宗教的禁忌に守られて、世間ではほとんど知られていなかったのだから当然だ。宗像出身で、のちに調査隊を組織することになる出光興産の創業者、出光佐三さえ、その荒廃ぶりを嘆いたというから、世界遺産など夢のまた夢だったに違いない。「いっそ世界遺産にしてみんなで守ってもらえばいいのではないか、など、冗談交じりにそんな会話もあった」(岡崇二〇一七「世界遺産登録までの歩み」『月刊文化財』六五一)ほどだから、推して知るべしである。だが、平成の大合併で、いくつかに分かれていた宗像地域の自治体がまとまり始めたころから風向きが変わり、夢が現実味を帯びてきたらしい。

国の公募に応じて名乗りを上げた「宗像・沖ノ島」は二〇〇九年、政府推薦の前提となる暫定リストに記載された。以後、推進会議や専門家会議が発足して世界との比較検討や過去の調査研究の洗い直しが進められ（「宗像・沖ノ島と関連遺産群」世界遺産推進会議二〇一一〜二〇一三『「宗像・沖ノ島と関連遺産群」研究報告』Ⅰ〜Ⅲ）、登録運動を盛り上げるための市民向けシンポジウムなども盛んに開かれた。

二〇一五年、国の推薦が決定。最終的に構成資産は、沖ノ島と小屋島《こやじま》・御門柱《みかどばしら》・天狗岩《てんぐいわ》という三つの岩礁《がんしょう》、大島の沖津宮遙拝所《ようはいしょ》と中津宮、本土の辺津宮《へつぐう》（以上、宗像市）、古代宗像族の奥津城《おくつき》とされる新原《しんばる》・奴山《ぬやま》古墳群（福津市）の八資産に絞り込まれ、二〇一六年一月に推薦書がユネスコに提出された。推薦書は沖ノ島崇拝の伝統を、東アジアの対外外交が進んだ時期に発展し、海上における安全を願う伝統と絡みながら今日《こんにち》まで継承されてきた稀有《けう》な物証であるとし、沖ノ島における古代祭祀遺跡の良好な保存状態や現代まで続く信仰の場としての宗像大社の存在意義が強調された。

二〇一六年九月のイコモスの調査員による現地視察と、それにもとづく翌年五月のイコモス勧告をへて、七月初旬の世界遺産委員会で審議、そして登録決定、という運びになった。

突きつけられた「条件」

完璧を期して準備をしてきたはずの「宗像・沖ノ島」に試練が訪れる。

審議本番に先立つ五月五日の深夜、イコモスは勧告を発表した。登録は支持する。が、八つの構成資産のうち沖ノ島本体（島に付随する三つの岩礁を含む）以外を外すべきだとの評価が下されたのだ。信仰の継続を否定し、祭祀を支えた人々の墓群にもOUVを認めない、との見解である。すなわち、宗像大社を構成する三つの社に「当落」の線引きがなされ、それぞれの社にひと柱ずつまつられている宗像神の三姉妹は〝泣き別れ〟になったのだ。三柱でひとつが当たり前だと思い込んでいた神社関係者は唖然とし、地元には戸惑いが広がった。ただし、推薦運動は沖ノ島本体から始まり、その後、「石見銀山」などの動きを横目で眺めながらストーリーを模索するなかでシリアル的に対象を拡大していったようだから、必ずしも当初から三神一体が絶対条件というわけではなかったのかもしれないが。

ともあれ、登録勧告の喜びもつかの間、資産の半数に除外を求める条件付きという事態に、地元の思いは複雑だった。文化庁や関係自治体の口をついて出たのは「厳しい」「残念」といった言葉ばかり。一〇〇点満点での採点を問われて「半分（五〇点）以下」と答えた首長もいた。

専門家会議からも「宗像大社がまつる三人の女神は切り離せないし、古墳群は史料を証明する物的証拠。神社と古墳は一体的なものだ」との不満の声が上がった。

もちろん、延期勧告を受けた「石見銀山」や「平泉」、不登録勧告だった「鎌倉」よりも、まだましではある。条件付き登録勧告の先例には「富士山」で除外を求められた三保松原がある。富士山から遠いとの理由だったが、政府はその風景がストーリーに及ぼしてきた影響面から資産の妥当性を改めて説明し、本番での翻意に成功した。だが、そんな成功例が続くとは限らない。

世界遺産の審査は登録件数の増加を受けて年々厳しくなっている。実際、文化庁には、「宗像・沖ノ島」は「富士山」のケースより厳しいとの見方もあった。しかし、すべての構成資産は表裏一体で切り離せないとの認識のもと、地元自治体は足並みをそろえて一枚岩で取り組んできただけに、委員会本番で、除外を指摘された資産の復活にかけるしかない。あくまで一括登録の方針を固持するなら、除外によって資産価値が半減してしまうことを世界に納得させるだけの戦略を、早急に組み立てる必要があった。でなければ、部分的ながら表面化した推薦国とイコモスとの価値観のずれは委員会の判断を左右しかねない。

改めて言うまでもないが、世界遺産の対象は不動産、つまり建造物や遺跡などだ。イコモスの評価も、沖ノ島の考古学的遺構や社殿の外面的な価値に焦点が当てられた感は否めない。だが、現代に息づく信仰があってこその「宗像・沖ノ島」であり、厳しい宗教的禁忌がなければ五〇〇年もの長きにわたる古代遺跡は残らなかっただろうし、いまなお続く宗像大社への崇敬がなければ千年以上にわたって島の神聖性は保てなかっただろう。

日本政府の説明が功を奏したのか、審議本番では、委員国から八資産一体の登録を推す声が相次いだ。結局、この遺産は目に見える部分と見えない要素で成り立っているのだから両者は切り離せないとの本質を理解したのは、外交官らの集まりである委員各国だった。

異文化理解の難しさ

「宗像・沖ノ島」で象徴的だったのは、従来の世界遺産を代表してきたイメージ、いわば「型」の変容ではなかったか。美しいとか壮大な、といった単純なとらえ方だけでは、もはや対応できなくなっている、ということである。

世界遺産の増加にともなって資産内容が多様化するいま、それもまた自然な成り行きのように思えるが、この広がりが特定資産の実態をわかりにくくし、選定や評価に携わる関係者らを悩ませる。不動産が対象であるはずの「宗像・沖ノ島」で無形的な要素がどれだけ考慮されるのか、それは後述する翌年の「潜伏キリシタン関連遺産」にもつながっていく。

近年の新規物件では、信仰や祭り、伝統的生業や技術といった無形要素を考慮しなければ資産の本質を理解できない例が増えており、「宗像・沖ノ島」もまた、このタイプに属する。その根幹は信仰の継続という目に見えない要素であり、いまに息づく信仰があってはじめて存在意義が生まれる。すなわち、信仰という無形的な側面は「宗像・沖ノ島」のOUVに欠かすことのできない重要なピースであり、その証明は登録への必須条件であった。

だが、この独特な精神世界を、異なる宗教観念や信仰を持つ海外の人々に十分理解してもらうには困難がともなう。たとえば、一神教の信仰にどっぷり浸かってきた人がアニミズムや多神教の概念を正確かつスムーズに咀嚼するのは難しいだろうし、面倒な教理や精神世界へのアプローチがなおざりになるのもやむを得ないことかもしれない。ユネスコが重視する多様性の背後にはそんな異文化理解をめぐる難しさがあり、この傾向はますます進むだろう。だからこそ、それを克服するための努力が求められるのだ。

沖ノ島が古代祭祀を凍結保存するタイムカプセルとしての面を強調しながら、それにつながる信仰が千年のときを超えて現在も継続しているとする主張は、なるほど一見矛盾するように思えなくもない。その論理構成を補強するだけの物証に乏しかったのも確かだし、国家祭祀といいながら、古墳群が地元豪族宗像氏の奥津城だけにとどまったのも、海外の目には釈然としなかったのではないか。

なにより、記紀神話に端を発する神々の世界や信仰形態が具体的にどう引き継がれているか、教会が町の中心にあって多くの市民が日常的にそこで祈りを捧げるといった、信仰が生活に溶け込むキリスト教社会などとは異なるだけに、どうしてもその連続性はわかりにくい。一括登録は成ったものの、生きた信仰を標榜する評価基準(vi)が認められなかったことは、そんななじみの薄い文化的背景を理解する難しさの裏返しだろう。

無形要素が大きなウェートを占める既存の世界遺産は少なくない。国内でも「紀伊山地の霊場と参詣道」(和歌山県・奈良県・三重県、二〇〇四年登録)などはその最たるものだが、こんな先例があるにもかかわらず「宗像・沖ノ島」のようなイコモス勧告がなされたのは、逆に言えば、その時々の評価や裁量がいかに揺れ動くものかを露呈したとも言えそうだ。かねてより文化的景観をはじめとする「生きている文化」の取り扱いの難しさは言及されるところだし、今後、推薦案件の多様化とともに、OUVを語るうえで無形的なバックグラウンドの理解が欠かせない候補は増えていくに違いない。

その意味で「宗像・沖ノ島」は、世界遺産条約と無形文化遺産保護条約に分かれたユネスコ条約の構図にも限界と再考の余地があることを突きつけたわけで、未来の世界遺産制度の指針を考えるうえでも有益な検討材料を提供したのではないか。

公開は是か非か

一般に公開されていない資産の保存活用はどうあるべきか。これについても「宗像・沖ノ島」は、世界遺産の将来にヒントを与えてくれる。

世界遺産登録で沖ノ島の認知度が飛躍的に上がったのは間違いない。だが、もともと沖ノ島は宗教的禁忌に守られてきた聖なる島であり、女人禁制の地でもある。五月の現地大祭をのぞき、原則として一般の上陸は固く禁じられてきた。

沖ノ島の所有者である宗像大社は登録決定を受け、島からも見えたという日本海海戦の戦没者慰霊などの目的で一九五八年から続けてきた現地大祭における上陸希望者の公募を停止する方針を打ち出し、さらには大祭自体を中止することにした。あえてこのタイミングで資産保護を最優先する毅然とした決意を表明したわけだが、一般の希望者にとっては年に一度の入島機会が失われるため、困惑や落胆、不満の声も出たようだ。

巷には、世界遺産はすべて公開されてしかるべき、との誤解が少なからず流布している。沖ノ島の宗教的禁忌が十分に認知されているとも言いがたく、実際にクラクフの審議でも委員国のフィリピンから女人禁制についての質問が出た。

男女同権が進む現代社会で、これらの閉鎖性に違和感を覚える向きもあるだろう。しかし、既存の登録物件にも活動中の修道院など宗教上の理由で、男性女性を問わず性的規制が存在するものは少なくない。ギリシャの聖山アトスに女性が立ち入れないことはよく知られているし、「紀伊山地の霊場と参詣道」の一角を占める大峰山の入り口にも女人禁制の結界がある。逆に男性が入れないところだってある。ちなみに、沖ノ島の主は女神である。山の神と同様、世の中には女神が同性の立ち入りを嫌う例は民俗学的にも多いのだから、世界遺産といえども信仰という精神的要素を取り込む以上、その慣習への配慮は必要だ。

沖ノ島に上陸できるのは原則として神職のみ。それは伝統的に男性であるわけで、伝統の継続や尊重もまた世界遺産の骨子であることに鑑みれば、非公開や女人禁制の維持は条約理念と必ずしも矛盾するものではない。往時の価値観を現代の倫理やイデオロギーのみで切り取ることは歴史遺産の本質をゆがめることになりかねないし、条約の趣旨に沿うものでもあるまい。

厳しい宗教的禁忌でひそかに守られてきた島の環境が世界遺産登録で危機にさらされるとの指摘は常々あり、イコモスも「違法な上陸及び船舶の接近の増加」に懸念を示した。宗像大社の上陸禁止方針はそれに沿う措置と言えるだろう。

とはいえ、人類共有の宝になった以上、観光客や訪問者を満足させるだけの受け入れ態勢の充実は大切だ。たとえば、いにしえより禁じられた沖ノ島上陸への代替策となってきた沖津宮遙拝所（大島）からの崇拝行為を追体験し、ここ独自の信仰の在り方に思いを馳せてもらう工夫もあっていい。むしろそれこそが、悠久の歴史の重みを体感し、遺産の多様性を実感できる機会を提供するのではないか。地元自治体には、この特殊な資産への理解と周知を徹底するための、いっそうの広報や啓蒙活動が求められるのは言うまでもない。

古代祭祀を支えた宗像族の奥津城,
新原・奴山古墳群

建前と現実、その相克

福津市の新原・奴山古墳群は「宗像・沖ノ島」の一角をなす。宗像族が活躍した海や大島が望める立地、そのまとまりのよさなどから構成資産になったこの古墳群は、より広域の津屋崎古墳群の一部でもある。宗像族ゆかりの古墳は宗像地方全域に広がっているのだ。ところが、初期沖ノ島祭祀との関連が指摘される東郷高塚古墳(宗像市)や二一号祭祀遺跡出土品と同型鏡を持つ勝浦峯ノ畑古墳(福津市)は構成資産から外れ、専門家からも物証的な裏付けの乏しさを不安視する声は出ていた。

新原・奴山古墳群は国史跡で、全面的な発掘は実施されていない。国史跡の目的はそれを後世に残すことにあり、必要以上の発掘がいたずらになされることはないから、わずかな出土品でイコモスを納得させられるのか、との心配もあったようだ。これもまた、国内保護制度と世界遺産とを整合させるうえでのジレンマかもしれない。

奈良県橿原《かしはら》市の丸山古墳に次ぐという巨大石室で有名な宮地嶽古墳(福津市)も今回の構成資

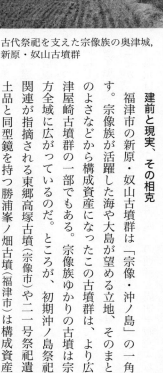

産に含まれていない。儀式用といわれる巨大な大刀や金銅製馬具などの豪華な出土品は国宝に指定され、娘の尼子娘《あまこのいらつめ》を大海人《おおあま》皇子(のちの天武天皇)に嫁がせて皇室と外戚関係を結んだ胸形《むなかたの》君徳善《きみとくぜん》の墓との説が考古学的に有力視されているだけに、意外な感もある。しかし、通説の被葬者像には一部の神社関係者からの異論もあって、残念ながら推薦段階から道を違えることになった。結果として、いまひとつ不完全な印象がぬぐえないのは、そんなわけだ。

たとえ国指定文化財であっても少数意見や所有者らの意向を重んじるのが民主国家の姿勢である。ただ、人類共通の財産を掲げる世界遺産において、はたしてそれはどこまで考慮されるべきなのか。もしそれが資産価値を不完全にしかねないとき、自治体や政府はどこまで踏み込めるのか。ときとして建前と食い違う制度上の不備を踏まえたうえで、学術的な根拠に基づくコンセンサスをいかに担保するかは、私たちに投げかけられた大きな課題である。

「変わらないこと」の意味

聖なる島、神社建築、古墳。古代祭祀という糸でつながっているとはいえ広域に散らばる資産群だけに、世界遺産という共通の目標がなかったら、これらを結びつけることは難しかっただろう。その意味で、世界遺産推薦運動は宗像の地に一体感を生み、地元の歴史的遺産をみんなで守ろうという機運を醸成した。

一方、登録に浮かれる世間に対し、改めて入島禁止の方針を打ち出した宗像大社は、これから加速するであろう無制限な観光資源化への風潮に先んじてNOを明言した。一見時世に逆行するかのような決断は、歴史遺産を所有する者としての矜持《きょうじ》の表明であり、安易な経済至上主義に流されがちな世間に対する痛烈な警告にも思える。それは国内のみならず、これからの世界遺産全体の保護と活用の在り方にも少なからぬ示唆《しさ》を与えるに違いない。

変化が美徳とされ、改革がしきりと叫ばれる昨今の世の中。それを拒否し、時勢におもねらない態度をとれば、古き良き時代のノスタルジーにしがみついた、頑固な反動勢力とみなされがちだ。だが、「変わらないこと」の意味を、もう一度考えたい。千年の長きにわたり、沖ノ島が「変わらなかった」のはなぜなのか。そこには「変わらないこと」「変えてはいけないこと」への積極的な意思があったからではないのか。それこそが、めまぐるしく変化する現代社会に翻弄され続ける私たちに「宗像・沖ノ島」が突きつけた、最大のテーゼではないだろうか。

2　噴き出す矛盾と課題

膨張する登録物件

世界遺産を取り巻く国際情勢に目を向けてみよう。条約の採択から半世紀近く。さすがに制度疲労とでもいうべき矛盾が目立ってきたように思う。噴出する様々な課題は条約の理念そのものを揺るがし、「制度としては寿命を迎えた」との指摘さえ聞こえてくる。以下、将来への懸念材料をいくつか列挙してみたい。

さしあたっての喫緊かつ最大の難題は、どこまで登録数を許容するか、ではないだろうか。この議論はたびたび俎上《そじょう》に載ってきたが、毎年の審議数を限定する以上の抜本的な対策はみられないようである。もちろん青天井も選択肢のひとつではある。だが、それは世界遺産リストの希少性や代表性に抵触し、その変質を促す危険性を常に抱える。ひいては保護制度自体の存立を危うくしかねず、ユネスコの運営に与える影響も小さくない。

世界遺産条約はその関心の高さからユネスコの条約で最大の成功例と言われるだけあって、世界では新規の登録を求める声が絶えない。一〇〇〇件の大台を突破してなお年々増加し続ける現状を見れば明らかだろう。この数を多いとみるか少ないとみるかは人それぞれだが、現実問題として件数の増加が登録資産への十分な保全管理やそれにかかる資金の確保を難しくし、通常の事務作業も支障を来し始めているのは事実だ。

そこでユネスコは登録の抑制策を順次、打ち出してきた。第二八回世界遺産委員会(二〇〇四年、中国・蘇州)では、新規物件の審議は毎年最大四五件、締約国の推薦は最大二件、少なくとも一件は自然遺産にすることとし、第三五回委員会(二〇一一年、パリ)では、各国の推薦数は引き続き最大二件としながらも、少なくとも一件は自然遺産か文化的景観で、とされた。二〇一六年のパリでの臨時会合ではさらに踏み込んで、一度に審議できる上限を二〇二〇年以降、現行の四五件から三五件に減らして一国一件に制限することが決まった。

度重なる改訂は、ユネスコがこの問題を深刻に受け止めていることの表れだ。ただ、審議の上限や推薦枠の制限は、同時に審査の厳格化を生むことにもなる。委員国は任期中の推薦自粛を求められているが、国々の思惑も絡んで期待どおりというわけでもなさそうだ。

「世界遺産条約履行のための作業指針」に最終的な登録数への上限が特に定められているわけではない。だが、数の増加は資産価値の相対的な低下を引き起こす。なぜなら世界遺産には常に代表性や希少性がつきまとうからだ。「世界的に貴重な宝」というイメージが定着しているからこそ、適切な景観の維持など登録物件に課される厳しい規制に納得もできるわけだが、類似物件が増えて希少性が減じ、それを守るだけの経済的メリットがないとみなされれば、必然的に資産への関心は薄れてしまう。結果として、遺産保護という本来の目的さえ失うことになりかねない。

わかりにくいローカル資産

ところで、世界文化遺産と聞いて、みなさんの脳裏に浮かぶのはなんだろうか。エジプトの巨大なピラミッド、密林にたたずむカンボジアのアンコール・ワット、欧州の壮麗な教会群や古代ローマの遺跡、ペルーの空中都市マチュ・ピチュ、それとも中国歴代王朝によって造営が引き継がれてきた長大な万里の長城……こんなところだろうか。だが、誰もが認めるめぼしい記念物は、ほぼ出尽くしたとも言われる。近年リスト入りした物件で、私たちが登録前から知っていたものはどのくらいあるだろう。

もちろん有名だからよいというわけではないけれど、文化遺産においては、地域性が強くなればなるほど世界中の人々が共有できる情報は低下し、推薦国と他国との認識に齟齬《そご》が生じるのは避けられない。それゆえ、国境を越えて認められるだけの普遍的価値を主張するために、逆に地域の特殊性を強調せざるを得ないというジレンマが生じる。そこには普遍性と多様性を両立させるためのレトリックが氾濫《はんらん》しているようにも思う。

登録物件の増加は、文化遺産を評価するイコモスにも影響を与えかねない。イコモスは世界中に一万人もの専門家を抱える国際NGOである。ユネスコの諮問機関といえば聞こえはいいが財政的には苦しく、世界遺産の仕事にしても、担当者の手弁当によるボランティアに近いようだ。

推薦資産の学術的評価は複数の専門家によって検討されるとはいえ、その候補が特定地域の文化に密着してローカルになればなるほど、それを正当に評価できる専門家が限られるのはやむを得ず、結果、客観的で的確な判断を難しくしてしまう。それはイコモスの勧告や世界遺産委員会の見解に不安定化や不一致をもたらす一因にもなっている。下位の勧告から上位への格上げ決議は日常茶飯事、逆に、一度は「情報照会」に落ち着いた評価が、その後の議論で「登録」どころか「登録延期」に後退するような例もある。

二〇一六年に三度目の推薦で登録された、東京・上野の国立西洋美術館本館を含む「ル・コルビュジエの建築作品」でも、そのプロセスは一進一退を繰り返した。二〇〇九年の世界遺産委員会は「登録延期」のイコモス勧告から「情報照会」に格上げしたものの、二〇一一年にイコモスは改めて「不登録」勧告を言い渡し、これに対して委員会が「登録延期」を決議するという応酬が続いた。

これほどの迷走でなくても、延期勧告が登録決議に覆される例は常態化し、多いときは過半数にのぼることもある。これについては後述しよう。

こんなイコモス勧告と世界遺産委員会決議の不一致は、政治的駆け引きだけが原因ではない。学術的には素人の外交官の集まりである委員会を納得させられるだけの明確な判断を、専門家集団たるイコモスでさえ下しにくい資産が増えている状況も無関係ではないと思われる。それは、OUVの重要な要素であるユニバーサルという汎世界的な共通認識が見えにくい物件、あるいはOUVへの複数の視点やアプローチを可能にする複雑な物件が増えている、ということである。

根本的な解決は難しい。だが、ただ指をくわえて待っているわけにもいかない。たとえば、一年に一回開かれている世界遺産委員会を二年に一回、あるいは三年に一回にして、その推薦候補の見極めにじっくり時間をかけるのも一案だろう。延期勧告のあとに、委員国が推薦国から詳しい説明を受けてようやく理解が深まり、勧告が覆るくらいならば、イコモスでも最初から十分な時間をかければよい。イコモスと委員国との健全な意思疎通がもっとあってもいい。少々乱暴かもしれないが、そうすることで、評価が難しくなる一方の推薦物件への対応も少しは効率的になるし、アップストリーム・プロセスの負担軽減や「対話」に費やせる時間も確保でき、ひいては登録数の抑制にもつながるのではないだろうか。

リストからの抹消

私たちは、遺産の価値には絶対的な指標があると思いがちだが、それは幻想にすぎない。代表性や希少性を持つということは、常にレラティヴ(相対的)な関係が資産間に作用するということだ。したがって、登録物件の増加は相対的な価値の低下を引き起こす。そしてそれは最悪の場合、既存物件の、リストからの削除となって現れる。

苦労した末の世界遺産登録、まさか抹消なんて――。誰もが、そう思うに違いない。けれど、それはすでに現実となっている。保護より開発を優先した「アラビアオリックスの保護区」（オマーン）や、世界遺産より架橋を市民が望んだ「ドレスデン・エルベ渓谷」（ドイツ）などだ。

「アラビアオリックスの保護区」は自然遺産として一九九四年に登録。年間降水量ほぼゼロの砂漠地帯、中東ジダッド・アル・ハラシース平原には面積二万七五〇〇平方キロ、四国の一・五倍もの保護区が設定されていた。二〇〇七年、オマーン政府は保護区内での開発を求めて保護区の縮小方針を決定。ユネスコの懸念をよそに、世界遺産の解除を自国政府が求め、リストからその名は消えた。

白い肢体に黒い顔の隈取《くまど》りが印象的なアラビアオリックスはユニコーンのモデルになったとも言われる風変わりな動物で、なんとか数も回復し始めて絶滅の危機を脱しようとしていた。しかし、この希少種の存在も、開発という経済行為の前には障害としか映らなかったようだ。

そしてもうひとつが、二〇〇九年に削除された「ドレスデン・エルベ渓谷」である。かのザクセン選帝侯、アウグスト強王が築いた「百塔の都」で、二〇〇四年の登録だ。この一帯は有数の工業地帯でもあったため、第二次世界大戦の空爆で一時は瓦礫《がれき》の山と化したが、ワルシャワ同様、在りし日の姿が忠実に再現された。

数々の芸術作品に謳われたドレスデンを貫くエルベ川。ここに六〇〇メートル余りの架橋計画が浮上した。かなり古くから計画されていたらしく、二〇〇六年には景観破壊が危惧されて、危機に瀕した遺産、いわゆる「危機遺産」リストに記載されたが、それを押し切って利便性を求めた住民投票の意思を反映し、建設の決定がなされた。生活環境の改善と景観保護をめぐる綱引きが、ついに世界遺産の抹消にまで及んだのである。

ドレスデンは、東洋陶磁コレクションで有名なツヴィンガー宮殿をはじめとする壮麗な石造りの建造物群に交じり、鉄骨構造の造形美を誇るロシュヴィッツァー橋やのどかなブドウ畑などもあって、多彩な顔を見せてくれる。問題となった橋もこの歴史的風景に溶け込む一要素として取り込むことはできなかったものだろうかと、いまさらながら思う。

なお、二〇一八年にバーレーンの首都マナマで開かれた第四二回世界遺産委員会では、英雄ティムール誕生の地、ウズベキスタンの「シャフリサブス歴史地区」について登録抹消の可能性が議論されたようだ。過度の観光地化が問題となり、二〇一六年に危機遺産となっている。とりあえず結論は先送りになったようだが、予断を許さない。

天秤に架けられる遺産たち

住環境の整備やよりよい暮らしの追求は地元社会の当然の権利であり、非難されるべきものではない。ただ、世界遺産をめぐる選択肢の決定にユネスコや国際社会が地域社会の意思を尊重して参画を促すのであれば、住民が世界遺産を放棄してまで生活の向上や利便性を選ぶことにも首肯せざるを得ない事態を想定しておく必要がある。人類共通の宝というユネスコの思いに、地元社会や所有者の意向が必ずしも一致するとは限らないのだ。

もっとも「ドレスデン・エルベ渓谷」の場合、どれだけの住民が世界遺産抹消の可能性について知っていたのかはよく指摘されるところ。はたして、住民に世界遺産への影響がもっと周知されていたら結果が変わったかどうか、それはわからない。が、そこに暮らす人々には生活改善への切実な声が当然あったのだろうし、政府や自治体においても複雑な国内事情への配慮や葛藤があったことは察せられる。連邦制というドイツの統治形態も、この決定に無関係ではなかったはずだ。

いずれにせよこれらのケースは、自国や地元住民らが世界遺産のメリットよりそれ以上を望んだ結果であることには違いない。開発や住環境の改善と世界遺産が両天秤にかけられた末に「遺産」が切り捨てられたわけだ。ドイツの場合、それが住民投票を介した民主的な決定だったことは、裏返せば、世界遺産が求める理想の限界を露呈したと言え、私たちは、絶大な人気を誇ってきた「看板」の相対的な低下、ブランド力のかげりを突きつけられたのである。

経済性や生産性向上のための開発にせよ、住みよさを追求した整備にせよ、様々な理由でリスト抹消を迫られる遺産はこれからも現れるだろう。世界遺産の増加が今後、その傾向を加速させないとは限らない。

景観保護か、都市再生か

英国中部に位置するリヴァプールも、景観保護と都市開発との間で揺れている。リヴァプールといえば、まず思い出されるのがビートルズ。街角のあちこちに「BEATLES」の文字や四人の写真があふれている。そしてもうひとつが「海商都市リヴァプール」という世界遺産都市の顔である。二〇一五年にここを訪れたとき、沿岸部ではウォーターフロント開発が進んで、すでに危機遺産になっていた。

歴史的建造物と現代建築が混在するリヴァプールのウォーターフロント（イギリス）

リヴァプールの世界遺産登録は二〇〇四年。かつて海上交易で栄えた一方で、この町の港から大勢の移民や奴隷たちが新大陸へ向けて旅立った。

古きよき時代の風情が漂うアルバート・ドックの一角に、マージーサイド海洋博物館がある。ここでは奴隷の出発地という歴史の暗部をビジュアルで見せており、その日も地元の小学生だろうか、子どもたちのグループが見学に訪れていた。鎖につながれ、もだえ苦しむ奴隷のイメージ映像など、かなり生々しい展示もあったけれど、そこには、歴史の教訓を後世に伝えなければ、というリヴァプール市民の強い意思とともに、世界遺産都市としての矜持が透けて見えた。

レトロな倉庫が趣深い港湾地区は観光地化が進んでレストランやお店が立ち並び、たくさんの見物客が思い思いに散策を楽しんでいる。桟橋付近には三人の女神にもたとえられる新古典様式の重厚な歴史的建造物群が威容を誇り、それらに交じって未来的な建物が林立していた。ビートルズの聖地は経済の低迷にあえいできた。人口は八〇万人を超えた戦前から半数近く減少して五〇万人を割り込み、失業率の高さも全英で指折りだ。そこに五五億ポンド(約八千億円)にも及ぶ再開発の大プロジェクトが持ち上がった。万単位の雇用が見込まれ、地元経済界の期待を集める。海上貿易の要として大英帝国を支えた過去の栄光をもう一度と、ふるさと復興への住民の思いは強い。

この開発プランをめぐっては市当局と国、民間業者、イングリッシュ・ヘリテージなど様々な立場で見解の相違もあったらしいが、現地では世界遺産へのプライドと同時に「我々は町の将来も考えなくてはならない」との切実な訴えを聞いた。ユネスコが地域社会の参加を重んじる以上、景観保護を原則論のみで振りかざせないのは、こんな難しさがあるからだろう。

強い規制が求められる世界遺産は、時と場合によっては地元の発展を阻害する足かせにもなる。登録時の栄誉が一転して邪魔者に転落するほど、社会情勢の変化でその立場は揺れ動く。

世界遺産とは理想と現実のせめぎ合いなのである。

成長する歴史都市

音楽の都、オーストリアのウィーンもまた、景観論争に揺れる。言わずと知れたハプスブルク家ゆかりの古都。その栄華を偲《しの》ばせる「ウィーン歴史地区」は二〇〇一年の登録だ。城壁の跡地に整備された環状道路リングシュトラーセの並木道をそぞろ歩けば、たちまち芸術の薫りに包まれる。世界に冠たるウィーン国立歌劇場やブルク劇場、美術史美術館などの王宮周辺の華やぎからは、爛《らん》熟《じゅく》した貴族文化が匂い立つよう。その街並みは、まさにヨーロッパ建築史を通観できる野外博物館の趣だ。

ところが、歴史地区の一角に高層ビルの建設計画が持ち上がった。六〇メートルを超える建物で、市議会なども後押しする再開発だという。ムジークフェラインと並ぶ音楽の殿堂コンツェルトハウスに隣接した高級ホテルの外壁には、その完成予想図が堂々と掲げてあった。

高層建築による景観破壊が心配されるウィーン歴史地区(ベルヴェデーレ上宮からの眺望)

皇帝フランツ・ヨーゼフによる都市の大改造をへなが

らも手厚い歴史景観の保護意識が息づくウィーンだが、どうやら近年の政権交代にともなって、景観保護の是非をプロジェクトごとに判断する開発方針に傾き、面的バランスを考慮した包括的な保護施策が軽視され始めた結果らしい。

ユネスコやイコモスはこれを問題視し、二〇一七年、「ウィーン歴史地区」は危機遺産リストに記載された。イタリアの著名な画家も風景画に写し取ったベルヴェデーレ上宮からの眺望が破壊されると主張しているようだ。

ドイツ・ケルンの象徴，大聖堂

ひと口に景観を阻害するといっても、そこに明確な数値基準があるわけではない。千差万別の都市の姿を標準化することなどできるわけがないから、ユネスコと関係自治体との間に認識のずれが生じたのも必然だった。州並みの力を持つ首都ウィーン市の動向が状況を左右するだけに、事態は予断を許さない。

ドイツのケルンもまた、同じ経験をくぐってきた。

オーデコロンの語源であり、ローマ皇帝ネロの母アグリッピナの生誕地でもある。ローマ帝国が北のゲルマン族と対峙する最前線として築いた古都ながら、ドイツ第四の百万都市だ。そしてそのランドマークが、黒々とそびえ立つ大聖堂である。

かつてケルンに出張したとき、市庁舎にのぼって市街地を眺めたことがある。高層建築はどこに建つのだろうと思いながら大聖堂の周囲を見回したが、ドイツ有数の大都市だけに既存のビル群も目につき、正直なところ、大聖堂と現代建築群のバランスにそれほど違和感を覚えなかった。現在も活動し成長を続ける都市で、歴史的景観とそれ以外との境界をどこに引くかは、なかなか難しい。

ケルン大聖堂はもともと登録段階から、適切なバッファーゾーン（緩衝地帯）の確保を強く求められていたという。大きな宿題が当初から課されていたわけで、大聖堂は二〇〇四年、危機遺産になった（二〇〇六年解除）。

開発と景観保護は共存できるか

近代都市と歴史的景観のせめぎ合いは、とりたてて珍しいものではない。オフィスビルに囲まれたソウルの昌徳宮や、場違いな高層ビルがいきなりそそり立つパリのモンパルナス、歴史的空間と奇抜なデザインの構造物が入り交じるロンドン……。日本も例外ではない。

たとえば、「古都京都の文化財」の一角をなす宇治の平等院。末法の世、藤原頼道は死後、西方浄土への旅立ちを願って鳳凰堂《ほうおうどう》を造った。彼岸の夕日がその背後に沈む設計は平安貴族の思いを反映し、資産の重要なコンテンツとなっている。その鳳凰堂のバックに高層マンションが建ったという。やむを得ず植樹で目隠しをしているそうだけれど、違和感を覚える人もいることだろう。

もとより、連邦国家として各州が強い主権を持つ国や、都市計画を自治体が主導する地域など我が国を単純に比較することはできないが、体制の違いを超えて近代都市が抱える悩みは共通する。つまるところ、大都市に埋もれる世界遺産の周囲に、バッファーゾーンも含めて環境への配慮を期待するのはなかなか難しい。資産とその背景や緩衝地帯との折り合いに議論が絶えないのも、この問題がはらむ複雑さを物語っているのだろう(本中眞二〇一七「遺産とその緩衝地帯(バッファ・ゾーン)——なぜ周囲に一体の環境を保全するのか」『世界文化遺産の思想』)。

こと景観にかかわる問題は、先進国の文化的都市や古都に目立つ。世界遺産に登録されている場合も多く、国内外から大勢の来訪者を集める観光都市でもある。経済面や観光面でいまさら世界遺産の看板など必要としない強みを持つからユネスコの発言力もおのずと弱くなるし、開発と保護との間でシビアな緊張関係にある場合も珍しくない。

都市の発展と景観保護が共存するための処方箋は、その都市が自らの特性を街の魅力として認識し、それを街づくりの原動力としてバランスよく、長期的展望をもって、適切な形で打ち出すこと。当たり前のようだけれど、ネガティヴ要因のベクトルをポジティヴ要因に一八〇度転換させるのは、そう簡単ではない。そこに住民の十分な理解と可能な限りのコンセンサスを得た総意が求められるのは言うまでもない。

京都のように独自の景観条例を定めてそのブランドを戦略的に高めたり、「百舌鳥・古市古墳群」を抱える大阪の地元自治体のように建物の高さ制限や屋外広告に気を配ったりする例がある一方で、各都市でその認識にばらつきがあるのも事実。世界的な視野で眺めれば、景観論争のせめぎ合いはこれからも続くだろう。

都市は成長する。それを止めることはできない。歴史的建築をシンボルとした景観を現代社会に受け入れるということは、垂直方向に伸びようとする現代都市をあえて抑制し、高層ビルなど存在しなかった時代の風景を「今」に閉じ込めること、異なる時間の産物を意図的に共存させることを意味する。このきわめて人工的な操作に対し、そこにノスタルジーを覚えて肯定的にとらえる人もいれば、発展の障害として否定的に受け取る人もいるだろう。ユネスコの求めにすべての住民が賛同するはずもないのは、前述の「ドレスデン・エルベ渓谷」をみれば明らかだ。

世界遺産の登録は、多様な声を無理にひとつの価値観に集約し固定するという代償をともなう。私たちはそのことを忘れるべきではない。

地域偏重を是正する

一向になくならない地域的な偏りもまた、長く問題視されてきた。

前記のごとく、世界遺産には耐久性の高い欧州の石造り建造物が多数を占め、もろい木や土からなるアジアやアフリカの物件は相対的に少ない。ヴェニス憲章にもとづいてオリジナル素材が重んじられてきたためだが、世界遺産条約も西欧的な価値観に立脚しており、今日の地理的不均衡もまた、この画一的な価値観に淵源を発している。しかし、それも世界遺産の質的かつ空間的拡大とともに行き詰まりを見せ始めた。ユネスコが多様な形態の資産を尊重する以上、価値観の多様性もまた受け入れざるを得ないからだ。

ユネスコは一九九四年、第一八回世界遺産委員会(タイ・プーケット)においてグローバル・ストラテジーと呼ばれる包括的な戦略的指針を策定し、地理的偏重の解消に乗り出した。「奈良ドキュメント」にもとづいて石の文化のイメージが強かった文化遺産の概念を木の文化や土の文化まで広げることは地域的な偏りの是正と表裏一体であり、アジアやアフリカ、南米などの国々からの登録を促進することにもつながる。それは歓迎するべきことで、異論はない。ただ、この種の偏重の修正自体に、政治的で人為的な恣意が含まれていることを頭の片隅にとどめおくべきだろう。

事実、この方針は新たな懸念を惹起《じゃっき》させてしまった。すなわち、地域偏重の修正を急ぐことが、発展途上国が求める世界遺産の「誘致」に有利に働き、登録の大前提である国内保護制度が必ずしも整っていない国々に登録の乱発が増えるのではと心配され始めているのだ。その背景に、イコモスに比べて保護管理を軽視しがちな世界遺産委員会の傾向を指摘する見方もある。いずれにしろ、グローバル・ストラテジーの提唱から四半世紀たったいまも、地域偏重が全面的に見直されたとは言いがたい。

「文化的景観」は便利？

グローバル・ストラテジーはリストにおける代表性、均衡性、信頼性の向上をめざしたもので、地域偏重の是正のほかにも様々な目標が掲げられている。重点項目としてよく引き合いに出されるのが、「産業遺産」や「二〇世紀の建築」、そして「文化的景観」である。

世界遺産がいう文化的景観とは「自然と人間の融合の所産」、つまり、自然環境のなかでその恩恵や社会・経済・文化的な影響を受けながら、人間社会や居住地がどのように進化してきたかを示す物証のこと。もう少し砕けて言えば、人間と自然が相互に影響を及ぼし合いながら一緒につくり上げてきた風景、要するに自然と人間の共同作品である。具体的にはブドウ畑とか農業生産システム、庭園や公園、あるいは信仰の対象として残された風景などがあり、かっちりとした個々の構造物を思い浮かべがちな従来の世界遺産のイメージとはずいぶん違う。日本では「石見銀山」や「紀伊山地の霊場と参詣道」が代表的だ。第一六回委員会(一九九二年、米サンタフェ)で採択され、その性格上、評価にはイコモスとIUCNが協議してあたっている。

文化的景観とは便利な概念だ。たとえ目立った建造物がなくても、その一帯をなんとなくひとくくりにすれば、ひとつの資産ができあがる。言い換えれば、その実態はいまひとつ漠然としており、さらに意地悪く言うなら、理屈さえつけばなんでもあり、である。

それぞれ内容の異なる複数の資産を簡単にまとめられるとの印象からか、文化的景観は安易に多用される風潮を生んだ。自然遺産にマオリの信仰対象としての文化的側面を加えて複合遺産とした「トンガリロ国立公園」(ニュージーランド)のような、誰もが納得できる例がある一方で、構成資産間に必ずしも必然的な結びつきを見いだしがたいもの、無理やりひっつけたような物件もないとは言えない。そこでイコモスは原点に戻るべく、文化的景観の安易な適用に厳しい評価を下す傾向にあるという。

二〇一一年六月、その去就を注目された「平泉」が、パリでの第三五回委員会でようやく登録にこぎ着けた。一度は延期勧告を受けて再挑戦するにあたり、政府は当初九つだった構成資産を一部改編しながら六つに絞りこんで、記念工作物・遺跡として推薦し直した。「平泉——浄土思想を基調とする文化的景観」の名称も「平泉——仏国土(浄土)を表す建築・庭園及び考古学的遺跡群」に変更した。そこには、「文化的景観として推薦されているにもかかわらず、推薦資産は、全体の景観、あるいはさらに構成資産間の空間的結合というよりも、個々の要素に限定されている」などと指摘したイコモスの見解が大きく影響している。

人気のシリアル・ノミネーション

加えて、よく耳にするのがシリアル・ノミネーションだ。広範囲にちらばる複数の類似資産をひとつのストーリーのもとに関連づけ、ときには国境さえ越えて相互に結びつける手法をいう。たとえば、イギリスからドイツにわたる「古代ローマ帝国の国境線」や、中国からキルギス、カザフスタンを貫く「シルクロード」、国内でいえば八県二三資産にまたがる「明治日本の産業革命遺産」などがわかりやすい。なかには「シュトルーヴェの測地弧」のように、ベラルーシやバルト三国、北欧、ロシアなど一〇カ国にも及ぶ長大なものまである。

単体での有名物件が少なくなったせいだろうか、シリアル・ノミネーションもまた近年のはやりだが、やはりこれも課題を抱えているようだ。

そもそも文化とは面的に広がっているのだから、いくつかの資産を選んでつなぎ合わせ、それらしい理屈をつければ、いくらでも形になりそうなものだ。ストーリーさえしっかりしていれば、複数の国々にまたがるものから比較的狭い地域にすぎないものまで、自由に組み立てられる。だから、文化的景観と同様、安易に考えられやすい。

そんな手軽さの半面、個々の資産の特性や地域性が軽視される危険を否定できない。構成資産の取捨選択にあたっても基準があいまいになりがちで、参加を求める地域の思惑にも左右されやすい。資産間の綱引きが、中核となるべきストーリー展開を阻害する例も見られる。「ル・コルビュジエの建築作品」のように、そもそもシリアル・ノミネーションの概念に合致するのか、との基本的な疑義がイコモスから出されたものもある。

シリアル・ノミネーションでは、その全体像にOUVが保持されていなくてはならないのはもちろんだが、個々の資産にもOUVを保証するための完全性が求められるので、各構成資産の価値の単純な合計が全体のOUVというわけではない。だから、国内推薦にあたって、それぞれが国指定・選定の文化財であることが必須条件となるのだ。

だが、この手法の無制限な増加や領域の拡大は、そこに様々な価値観を包含するがゆえに、かえってOUVを見えにくくする危うさもある。広域に点在する資産群の難しいところはそこで、短絡的にシリアル・ノミネーションを導入すると、個々の資産のみをとらえて「なんだ、こんなものか」と期待はずれの印象を与えてしまう。そうなれば資産群全体が持つ真の価値が覆い隠され、あるいは誤解されてしまうデメリットさえ出てくるだろう。

どこの、なにを構成資産とするべきか。シリアル・ノミネーションのストーリーを組み立てるうえでは、その潜在的な可能性を合理的に集約し、複数のステークホルダー(利害関係者)の過剰な要求を排除しながら骨格を組み立てていく、毅然とした意思決定が必要だ。特に日本のように、各地の自治体が深く関与する場合は地元の事情や期待を無視できないため、資産の選別に恣意的な操作が入り込む余地が生まれかねない。実際、「明治日本の産業革命遺産」が国内推薦にたどり着くまでのプロセスにおいても、構成資産の取捨選択をめぐる悲喜こもごものドラマが、あちこちで繰り広げられた。

点在するひとつひとつの資産を、どう統括し管理してゆくか。構成資産の所在が空間的に広く、内容も多岐にわたればわたるほど、その取り扱いは簡単ではない。我が国で包括的保存管理計画の策定が急がれた背景には、そんな事情も無関係ではないように思う。

危機遺産はペナルティーか

世界遺産には「危機遺産」のリストがある。文字どおり危機に瀕した遺産を登録する一覧表だが、どうしたわけか各国には軽視、いや忌避の対象にさえなっている。

危機遺産リストには二〇一九年夏現在、五三件が登録されている。戦火で破壊されたバーミヤン（アフガニスタン）やパルミラ（シリア）など当時のセンセーショナルな報道でよく知られたものばかりでなく、自然災害や紛争などいろいろな要因で存亡の危機を迎えている文化遺産も少なくないのだが、世間の関心は決して高いとは言えないようだ。自然遺産では密猟や違法伐採など人為的な原因が非常に目立つ。

そもそも危機遺産リストは国際社会全体で存続の危うい遺産を守るための仕組みであり、世界遺産条約の根幹をなすものだ。だから、世界遺産リストはこの危機遺産を抽出するために設けられていると言ってもよい。その点で、世界遺産リストと、その候補が控える暫定リストの関係に似ている。ところが、各国には危機遺産への登録を自国の汚点とみなして避ける傾向があり、リスト記載には関係国の反発も強い。危機遺産になるより、世界遺産リストから抹消してもらったほうがいい、との雰囲気さえあるようだ。それが、国際社会で一丸となった保護施策を阻害する要因になっているのは否めない。

このリストは危険にさらされた物件をすみやかに特定し、国際的な援助につなげるためにある。世界遺産にはしたいけれど危機遺産は拒否するという考え方は、本末転倒もはなはだしい。しかし、それがまかり通っているのが現状である。

乱暴だが、そんなに「危機遺産」という言葉に抵抗があるのなら、いっそのこと名称を変えてはどうか。少しはアレルギーも弱まるかもしれない。まあ、危機感まで薄れてしまっては元も子もないのだけれど。

ところで、二〇一七年のクラクフにおける委員会で、ジョージア(旧グルジア)の「バグラティ大聖堂とゲラティ修道院」が危機遺産リストから外れた。好ましくない修復がなされたバグラティ大聖堂を対象から削除したためで、名称も「ゲラティ修道院」だけになった。危機遺産がひとつ減ったことは喜ばしいのだが、これでいいのだろうか。OUVが失われたものを切り捨てて危機リストから脱出させるのは、管理責任の放棄ではないか。下手に修復されてしまったバグラティ大聖堂はどうなるのだろう。そもそも、そんな「修復」がなされたのはなぜだったのか。事態が悪化する前に、なんとかできなかったのだろうか。なにか腑に落ちない。

我が国の推薦作業でも、保存管理が完全ではない、あるいは評価に耐えられるほどのオリジナルが残っていない、といった理由で構成資産から外される場合がある。確かに、オーセンティシティーに問題があれば登録は難しいわけだが、なにかおかしくないか。運よく現在まで良好な形態をとどめているものでなければリスト記載の価値はない、ということだろうか。危機に瀕した歴史遺産を守るはずのシステムにおけるこれらのジレンマは、条約自体が内包する潜在的な矛盾を暗示しているように思えるのだが、いかがだろう。

いずれにせよ、危機遺産への各国のアレルギーを思うとき、私には世界遺産条約発足時の原点が忘れ去られている気がしてならない。

肥大化する観光産業

「世界遺産」の四文字ほど印象的で重宝なものはない。観光業界が待ち望んだキャッチコピーであり、最小限の文字数でこれほどぴったりはまった表現も、そうないのではないか。ただ、そのインフレ気味な現状を眺めるにつけ、もはや世界遺産も観光名所と大差なく、逆に旅ならではの偶然の出会いや非日常のワクワク感を狭めている気がしないでもない。

それはともかく、行きすぎた観光化の弊害はよく言われるところ。典型的なのが、自然遺産におけるオーバーユースだ。太古の森を思わせる屋久島では、前章で述べたとおり、ずいぶん前からシンボルの縄文杉をめざす人々の多さが問題となっている。糞尿の垂れ流しによる水系の汚染が問題化し、縄文杉の根っこも弱ってしまった。白神山地では入山者の靴についた種子などが生態系を壊し、小笠原では外来の動植物が問題となった。

比較的観光客になれているはずの文化遺産も同じだ。狭い空間に合掌《がっしょう》造りの家々が密集する岐阜県の白川郷では、慢性的な交通渋滞がよく話題になった。細い道には観光客があふれ、ときには民家に上がり込んで勝手に飲食をしているという、笑えない話も耳にした。お土産店や食堂が増え、それまで身の丈に合った営業を続けてきた地元のささやかな商業施設も、都会の強大な資本に追いやられた。

元来、観光地化とはそんなものなのだろう。ただ世界遺産の場合、その「看板」があまりに強力なため、素朴な田舎では急激な変化に対応が追いつかない状況もたぶんに見られるようだ。マナーの向上やエコツーリズムの普及などで、自然や観光地との共生もなじみ始めているとは思う。だが、世界遺産に群がる観光産業や経済活動の肥大化はすさまじい。地元財界や自治体もこれを弾みにしようと躍起になるから、その変貌ぶりは加速度的だ。

経済活動への取り込みがマイナス要因のみかといえば、もちろんそうではない。観光収入が遺産の保全に役立っているのは事実だし、観光や地域おこしが保護意識を内外で高める効果は小さくないのだから、要はバランスの問題である。

国連サミットで採択されたＳＤＧｓ（持続可能な開発目標）が世界的な潮流となり、ユネスコもまた例外ではない。世界遺産条約採択四〇周年を記念して二〇一二年に京都で開催された最終会合でも、世界遺産と地域活性化との両立がテーマになった。ここで採択された「京都ビジョン」には、いわゆる持続可能な発展の必要性が謳われ、「持続可能な観光の開発も、地域社会にとっての経済的利益および経済力強化のよりどころの一つとして、さらに、観光客による文化的多様性の正しい理解のための一助との観点から注目されるべきである」との文言が盛り込まれた。

しかし、問題はそう単純ではない。地元の期待に反し、国内の世界遺産に観光集客の継続的な効果はほとんどなく、思いのほか地域への利益誘導に結びついていない、といった分析結果さえある（澤村明二〇一六「世界遺産登録と観光動向（修正加筆稿）」『新潟大学経済論集』一〇〇）。マスコミ報道によく散見する「地域おこしや観光に弾みがつく」といった地元首長らの思い込みと過度の幻想は、やがて厳しい現実の前に失望となり、へたをすれば遺産維持のモチベーション低下へとつながりかねない。もちろん、観光だけで多岐にわたる経済効果を網羅しているわけではないが、世界のお墨付きを得たからといってバラ色の未来が待っているとは限らない、ということだ。

急激な観光地化で、住民と来訪者との摩擦や日常生活に不便な点が少々増えた、といった程度ならまだいい。登録をきっかけに加速した観光地化が地域社会の崩壊を促し、遺産自体の存続を危うくした例もある。

私がフィリピンの奥地で実見したケースを紹介しよう。

コルディリェーラの現実

天国への階段——。フィリピンの山岳地帯に刻まれたコルディリェーラの棚田は、その神々しさから、こう呼ばれる。一九九五年に登録された。

二〇〇七年、私はマニラから棚田観光の拠点、イフガオ州バナウエに向かった。車で片道約九時間の道のりにくたびれ果てたとき、斜面にびっしりと積み重なる棚田が眼前に現れた。一説には二千年もの間、ここに生きる人々が何代もかけてつくり続けてきたという。

だがよく見ると、あちこちの石垣や土手が崩れたままになっている。聞けば近年、荒れた棚田が目立つようになったそうだ。

「コルディリェーラの棚田群」は二〇〇一年、危機遺産になった。原因のひとつは、農家の後継者不足である。棚田を整備・維持するのは重労働で、若者の手は欠かせない。しかし、就学率が上がるとともに、若者は都会へ出て行く時代だ。村々に残っているのは老人と学校を出ていない者ばかり。そこに世界遺産がやって来て、村は一躍有名になった。ホテルや土産物店、レストランができた。地元に残った若者も農業を捨て、実入りのよい観光産業につく者が増えた。

悠久の時を刻むコルディリェーラの棚田(フィリピン)

道ばたの小屋で、老婆が布を織っていた。自分の年齢は覚えていないけれど、確か太平洋戦争のときは十代だったという。夫は、もういない。一四人いる孫たちは台湾やシンガポールに出て行った。「簡単にお金を稼げる時代だから。帰ってこいとは言えない。でも、先祖からもらった田んぼが荒れるのは寂しいよ」と話した。
国や州政府は棚田修復に予算をつけているし、ユネスコの基金も出た。だが、実際に修復作業を担う末端の農家まで十分に行き渡らないらしい。棚田を守るために世界遺産になったのに、それが危機遺産への引き金を引いてしまったとすれば、なんという皮肉だろう。

村には子どももたくさん見かけたが、それ以上に、お年寄りがやけに目についた。棚田を一望する見晴らし台の土産物店にも、老婆たちが所在なげにたたずんでいた。

その一人に話を聞いた。毎日ここに来てはうずくまって観光客を待つのだという。一緒に写真を撮らせて小銭を稼ぐ。かぶっているのは、結婚式や収穫の祭りのときに使う羽根の付いた頭飾りだ。きっとハレの日の特別な衣装なのだろうけれど、「もう田んぼで仕事できないから。民族衣装？　見せるのは悪いことじゃないし……」。年齢を尋ねると、「こんなにしわくちゃだから、一〇〇歳ぐらい」と言った。

ハレの日の民族衣装を着て観光客を待つ老婆

地元の農民には世界遺産に反発もあるらしい。自由な土地利用が規制されるからだ。いくつもの棚田を縫うように、急な小道が走っていた。町がつくった。一部はコンクリートで舗装されている。この道にユネスコは不自然だと不快感を示したらしいが、「通学路、生活道だから、なくては困る」と住民は言う。

「ユネスコは昔のままの方法で、と言うけれど、この時代にとても無理。世界遺産から外してほしいという声も多いのです」。取材に応じた州関係者は、そう打ち明けた。

夜、ホテルではイフガオの踊りが披露されていた。のちに述べる無形文化遺産保護条約のリストにも「イフガオ族の歌、フドゥフドゥ」として記載されている、まさに有形と無形の文化遺産が表裏一体であることを実感させてくれる伝統芸能だ。宿泊客も参加を促されて、一緒に楽しく踊っていた。

踊りが披露されるのは、かつては特別なときだったに違いない。それがいま、観光の呼び物として、いつでも見られるようになった。地元社会にはお金が入るし、観光客も喜ぶ。結構なことだ。そう、結構なのだけれど、それでいいのだろうか。

わだかまりを抱えたまま、私はマニラへの帰途についた。

現地の教育現場で伝統的知識の継承が始まり、棚田群は二〇一二年、危機遺産から脱することができた。だが、生活スタイルの変化や若者の流出がやんだわけではない。多くの文化遺産が常に危機遺産と隣り合わせにあるのも、また現実なのである。

観光圧力にどう対応するか

こんな負の観光圧力は至る所で見られ、枚挙にいとまがない。

中国甘粛省のオアシス、敦煌は言わずと知れたシルクロードの要衝だ。その代名詞ともいえる莫高窟は数々の仏教壁画や塑像で有名な、砂漠に浮かぶ大画廊である。

敦煌市街から車で三〇分ほどだったか。鳴沙山《めいさざん》の東麓にあたる砂原から突然現れる崖面には七〇〇以上に及ぶ大小の窟がうがたれ、造営の時代幅は五世紀の北涼から一三世紀の元に及ぶ。法隆寺の玉虫厨子《たまむしのずし》に描かれた「捨身飼虎《しゃしんしこ》図《ず》」を思い起こさせる薩埵太子《さったたいし》の本生譚で有名な第二五四窟、精悍《せいかん》な阿修羅に愛嬌《あいきょう》のある風神雷神が印象的な第二四九窟の天上画、威風堂々とした第九八窟の于闐《うてん》国王。第五七窟の菩薩や比丘《びく》の瞳の、なんと涼やかなことか。

シルクロードの大画廊，敦煌の莫高窟（中国）

第一七窟の、いわゆる蔵経洞《ぞうきょうどう》を題材に、作家の井上靖はイマジネーションを存分に羽ばたかせて小説『敦煌』を書いた。そこに描かれた出来事が真実か否かは永遠の謎だが、あの冒険の世紀、ペリオやスタインが蔵経洞からこぼれ出たおびただしい古文書を前に悪戦苦闘する姿が目に浮かぶ。

夜空の星々のごとくさんざめく石窟の数々も、多くの有名窟が観覧できなくなりつつあるという。増えすぎた観光客から壁画を守るためだ。人々の吐息に含まれる炭酸ガスは壁画を劣化させ、カビを増殖させてしまう。それは奈良・高松塚古墳石室内の国宝壁画や九州北部に密集する装飾古墳の保存状態でも問題になったし、全面的に封鎖されているラスコー洞窟（フランス）の原始絵画ですでに証明済みだ。

二〇一六年から翌一七年にかけて国立科学博物館や九州国立博物館で開催された「ラスコー展」では、会場で披露されていた実物大の精巧な模型を見て文化財科学の進歩に驚かされた。しかし、裏を返せばそれは、現地での保存整備に失敗したがゆえの苦肉の産物であり、私たちが実物に接する機会を失ってしまった代償なのである。

翻って、再び敦煌。中国のめざましい経済発展を象徴するかのように、国内旅行の観光客も急増している。確かに、波のごとく断続的に、莫高窟に押し寄せる人々の群れには唖然とした。近くの駅に列車が到着するたびに大勢の人がはき出され、集団となって一斉に莫高窟をめざすのだ。

かつて少年期の私は、ＮＨＫの「シルクロード」に胸を躍らせた。しかし現実は、そのとき目に焼きついた、秘境然とした莫高窟の印象とあまりにも違っていた。

莫高窟に比べれば、敦煌市街地から東へ一七〇キロ離れた楡林窟《ゆりんくつ》や、王維が「西出陽関無故人」と詠んだ、西域のフロンティアへ通じる陽関などはまだまだ観光客も少なく、いにしえの風情を維持していたように思えたけれど、これらが変貌を遂げるのも時間の問題なのだろう。夜、ホテルの一室から窓の外の漆黒の闇を見つめながら、敦煌名物の夜光杯に注いだ葡萄《ぶどう》の美酒に、心なしかほろ苦さを感じたのも、そんなわけだろうか。

崩壊するコミュニティー

世界遺産を支える最小単位は地域社会である。世界遺産条約が生まれるずっと昔から、人々は自らの先祖が代々築き残した地域の財産を守り続けてきた。その営みが地域共同体の紐帯となり、自らのアイデンティティーとなった。人類遺産保護のモチベーションは、まさに地域社会を源泉とする。

ユネスコもまた、地域社会を重視する。作業指針には戦略的目標として五つの「C」が設けられている。二〇〇七年に採択された最後の一つが「コミュニティー」。資産の維持管理に地域社会の活力を借り、地元の人々にも積極的な参画を促すのがねらいだ。先の「京都ビジョン」も「コミュニティの関心と要望は、遺産の保存と管理に向けた努力の中心に据えられなくてはならない」と謳う。

ところが、その土台が根底から揺らいでいる。地域社会自体が過疎化や生活様式の変化、グローバリズムの波などで変質を始め、衰退あるいは崩壊しつつあるのだ。最大の脅威は戦争だろう。たとえば中東における昨今の紛争は、悠久の命脈を保ってきた地域社会を、いとも簡単に消滅させている。

過激派組織「イスラム国」（ＩＳ）の侵攻で廃墟と化したシリアのパルミラを見てみよう。女王ゼノビアのもと、東西交易の要衝として繁栄を謳歌したシルクロードの隊商都市だ。西域史を学んでいた学生時代、いつかはその地を踏みたいと私も恋《こ》い焦《こ》がれた、あこがれの大遺跡である。

だがここも熾烈《しれつ》な戦闘の舞台となってしまった。二〇一三年に危機遺産となったが、国際社会はなす術《すべ》もなかった。破壊されつくした衝撃的な映像が全世界に流れ、それがＩＳのプロパガンダとして使われたとき、この遺跡が私たちとはまったく異なる世界に行ってしまったことを痛感した。

二〇一七年三月にシリア軍が奪回したのちもそのまま放置され、再建のめどは立っていないという。遺跡の八割が損壊し、オリジナルの修復は絶望的かもしれない。そして最大の問題は、復興を担うはずの地域社会が消滅してしまったことである。報道によると、近くのタドムルの市街地では電気や水道などインフラが完全に破壊され、とても人が住める状態ではないそうだ。住民もほとんど消えたらしい。

パルミラは遺跡という衣とともに、それに寄り添い共生してきた人間社会を失った。その再建と復興には、険しくはるかな道のりが待っていると言わざるを得ない。

二〇一八年にバーレーンで開かれた第四二回世界遺産委員会の会場の一角に、「THE DAY AFTER/SHADOWS OF HERITAGE」というエキシビションが設置され、パルミラの痛々しい写真パネルが並んでいた。ただ、新規物件の登録にわく会場で、このコーナーに足を止める人は少なかったように思う。

紛争の犠牲はパルミラだけではない。内戦の続くイエメンでは「シバームの旧城壁都市」や「サナア旧市街」「古都ザビード」と軒並み危機遺産だし、いまだ不安定なイラクの「ハトラ」や「アッシュール」、あるいはリビアの遺跡たちもまた、そうだ。紛争あるところに危機遺産あり、と言ったところか。

紛争が目に見える最大の外的要因だとすれば、過疎化やグローバリズムの進行は内側からひそかに忍び寄る、見えない脅威だろう。これは後述する無形文化遺産の項で詳しく取り上げたいが、地域社会が自ら選択した運命だけに、なおさらやっかいである。

考えてみれば、時の流れとともに無数の文化が生まれては消えた。人間社会がそれらをもはや不要とみなしたとき、消滅あるいは変質していくのは、むしろ自然の理と言える。とすれば、世界遺産というシステムはある意味、宿命であるはずの必衰の流れに抗《あらが》うものなのかもしれない。

けれど、その反自然的な行為は、成熟した人類社会だからこそ可能な、それ自体が文化と呼べる創造的な営みなのではないか。すなわち、この制度そのものが、いまを生きる私たちの文化的営為であり、後世への遺産にほかならない。そう前向きに世界遺産をとらえ、過去から現在に至る人類文化の痕跡をあえて現時点で凍結し、未来に残そうというのであれば、たとえ歴史の摂理に逆らってでも、遺産を支える地域社会という礎《いしずえ》をどう立て直すかに思いをめぐらすことは現代社会の避けて通れない運命なのだと、私は思いたい。

3　翻弄される世界遺産

理想と現実のはざまで

世界遺産には、国内外を問わず様々な力学が働く。それはときとして条約の客観性と公平性をゆがめてしまうこともある。きしむ現状を、政治的観点から展望してみたい。

二〇一七年夏、ポーランド・クラクフでの第四一回世界遺産委員会。会場内に設けられたプレスセンターに、「ヘブロン／アル゠ハリール旧市街」登録の知らせが飛び込んできた。

ヘブロンはヨルダン川西岸地区のパレスチナ自治区にあり、イスラム教とユダヤ教双方の聖地である。パレスチナが緊急案件として申請し、翌年の審議となるべきものだったが、イスラエルとの関係上、緊急性に鑑みて審議され、秘密投票をへて登録決議となった。同時に危機遺産リストにも記載された。

ただ、緊急案件だけにイコモスによる十分な分析もないし、この決定がイスラエルとパレスチナの争いをエスカレートさせるのも必然だった。両者は過去、パレスチナが緊急的登録推薦を求めた「イエス誕生の地：ベツレヘムの聖誕教会と巡礼路」でも対立した経緯がある。無関係な第三国にとっては迷惑このうえないが、かといって申請された以上、ユネスコとしては危機に瀕する遺跡を放置するわけにもいかない。

米国とイスラエルはこの年、ついにユネスコからの脱退を表明した。米国は二〇一一年のパレスチナのユネスコ正式加盟をきっかけに分担金の拠出を停止するなど、ユネスコの事業が偏向していると常々不信感を募らせていた。以前からくすぶっていた両国の不満が爆発した格好だ。一方、パレスチナは国家としての国際認知活動を世界遺産の登録と重ね合わせてきたとの指摘もあるように（稲葉信子二〇一七「近年の世界遺産の傾向」『月刊文化財』六五一）、遅かれ早かれこの事態は予測できた。結果的に、国際平和を希求するユネスコ自身が国際社会の分裂を招いてしまったことになり、世界遺産が掲げる理想がいかに政治や国際情勢に左右されるものか、世界はユネスコが置かれた難しい立場を改めて再認識することになった。

エスカレートする政治利用

ここまで露骨ではないにしても、世界遺産への「圧力」は日常的にあるし、それは特別なことではない。実際、世界遺産委員会ではイコモスの学術評価が「政治力」で覆される状況が常態化している。なかでも全体の八割近くを占める文化遺産でそれが顕著なのは、自然遺産に比べて国家や民族意識の高揚と結びつきやすいからだろう。

二〇一六年のイスタンブールにおける委員会では、イコモスが出した八件(複合遺産を含む)の「登録延期」勧告のうち六件が「登録」決議に〝格上げ〟され(二件は取り下げと情報照会)、二〇一七年のクラクフでも延期・情報照会勧告の過半数が登録決議になった。二〇一八年のマナマ(バーレーン)では情報照会や不登録勧告がそのまま勧告どおりに決議された例はなかった。推薦国による必死のロビイング攻勢のたまものか、そこに早期の登録実現を求める推薦国の意向が働いているのは容易に想像がつく。

これに対し、諮問機関の学術的評価がないがしろにされているとの批判は根強い。確かに、純粋な価値判断が外部圧力によってゆがめられることは好ましくないし、その懸念も理解できる。だが、そもそも世界遺産条約は国際条約なのだから、締約国が国益と照らし合わせて政治的に折衝するのは当然ではある。メディアが「政治」に言及する場合、どうしても圧力とか強権力などとネガティヴな印象をもって語られることも多いが、その介在は必ずしも否定的とばかりは言えないだろう。ただ、ロビイングによる働きかけはある意味、諸刃の剣で、弱者救済システムの一面を持つ半面、慢性化すれば恣意的な危険性をはらむのも事実なので、そこになんらかの倫理規定が必要だとする指摘もある(木曽功二〇一五『世界遺産ビジネス』)。条約の理念を忘れた無節操な政治介入は、やがては世界遺産の将来を危うくしかねない。

延期勧告を受けながら逆転登録となった「石見銀山」の場合、多くの鉱山遺跡が環境破壊をともなうのに比べてここでは豊かな緑をいまも保持していると、環境への優しさを委員国にアピールしたことが功を奏したとされる。「宗像・沖ノ島」で、信仰という無形要素は切り離せないとの日本の主張に理解を示したのも、結局は研究者や専門家ではない委員国の代表だった。

私たちは世界遺産に過度の純粋性や客観性を期待するべきではないし、世界遺産とはつまるところ国際政治の産物であることを忘れるべきではない。身近な例では一九九六年登録の「原爆ドーム」(広島県)をめぐり、米国が反対を表明、中国は賛否を明らかにしなかった。ユネスコが国連機関である限り、世界遺産も国益をかけた外交や政治力学と無関係であり得ないのである。

とはいえ近年、特定国家間の外交摩擦が委員会に持ち込まれるケースは目に余る。二〇一五年登録の「明治日本の産業革命遺産」をめぐっては、韓国が、戦中に自国民が「強制」労働させられた施設が含まれているとして猛反発。日韓両国のつばぜりあいが、ボン(ドイツ)での第三九回世界遺産委員会を舞台に繰り広げられた。

「産業革命遺産」顚末記

「明治日本の産業革命遺産」はあらゆる意味で、現在の世界遺産が抱える政治的課題を代弁したかのような出来事だった。以下は、その顚末《てんまつ》である。

産業遺産とか近代化遺産と呼ばれる分野は、簡単にいえば、交通やインフラ、工場、土木関係など、私たちが享受する現代の産業文明を作り上げた記念物のことである。我が国にとっても、これらは開国まもない日本を近代化に導き、現在の科学技術立国の礎となった資産群であり、その数は全国で四万件にのぼるともいう。

その市民権は国内でもすっかり定着し、国の重要文化財や登録有形文化財が相次いで誕生している。一九七〇年ごろから注目され始めたようで、それまで廃墟や鉄くず同然に見向きもされなかったものへ新たな価値が吹き込まれ、一九九三年に碓氷峠《うすい》の鉄道アーチ橋群が重要文化財に指定されて以来、その数は増加を続けている。ユネスコのグローバル・ストラテジー(一九九四年)で産業遺産が重視されたことも無関係ではあるまい。そして、その動きをいっそう加速させたのが「産業革命遺産」の世界遺産登録だった。

「産業革命遺産」は九州・山口地域と岩手・静岡の八県一一市が推す、重工業を中心とした資産群である。具体的には、旧集成館(鹿児島県)や萩の反射炉(山口県)、官営八幡製鉄所の施設(福岡県)、「軍艦島」の名で知られる端島《はしま》炭坑(長崎県)など八エリア二三資産で、幕末から一九一〇年までの、ほぼ半世紀にわたる構造物が対象だ。広域に点在したそれらを特定のストーリーで結びつけるシリアル・ノミネーションの手法をとる。

開国黎明期の実験的な反射炉から本格的な製鉄所や造船所まで、その形態も規模も幅広いが、いずれも西洋から非西洋への産業化の移転が成功したことを示す物証で、工業立国日本の土台を築いた造船、製鉄・製鋼、石炭を軸に、重工業分野における技術移転から日本の伝統文化と融合しながら産業国家形成へと向かった道程が時系列に説明されている、などと位置づけられている。

薩摩藩による集成館事業の反射炉跡

二〇〇九年、暫定リスト入り。二〇一四年、閣議了解のもと推薦書がユネスコに提出された。その年の九月から一〇月にかけてオーストラリアの専門家がイコモスから派遣されて現地を調査し、静岡から岩手、九州・山口をめぐった。翌年五月、イコモスが技術的・専門的見地から「登録」を勧告したまではよかったが、その後の決定に至るまで、これほど「政治」に翻弄された国内推薦候補も珍しかった。

地域振興策の落とし子

端緒は二〇〇六年の九州地方知事会までさかのぼる。ここで政策連合項目として九州各地の産業遺産を世界遺産に推すことが決まり、鹿児島県に事務局を置く世界遺産登録推進協議会が発足した。だから、当初の名称は「九州・山口の近代化産業遺産群」。暫定リストは公募による自治体の立候補形式ゆえに地元の地域性へのこだわりは強く、イコモス勧告時に「製鉄・鉄鋼(のちに製鋼)、造船、石炭産業」と変更されるまで、副題に「九州・山口と関連地域」が使われていたのもその表れだろう。当然、当該地域の経済的浮揚にも期待が寄せられた。つまり、「産業革命遺産」はそのスタートから、九州の首長らによる政治的政策と地域振興策の産物だったのである。

とはいえ、日本全体の近代化の流れを九州・山口という一地域だけに押し込めることはできない。確かに、地理的に列強の圧力を受けやすく、海外情勢に敏感な西国諸藩には他の地域より危機感が強かった。それが近代国家幕開けへの原動力になったのは間違いないし、その結果、幕末・維新期以来の歴史的な記念物がこの地域に多く分布するのも事実だ。だが、そこには常に「なぜ、九州・山口だけなのか」という疑問がつきまとう。それは「北海道と北東北の縄文遺跡群」が、縄文遺跡は全国にあるのになぜこの地域だけに絞るのか、についての合理的説明を避けて通れなかったことと似ている。実際、誰もが納得する形で近代化の主流を九州・山口に収斂《しゅうれん》させる作業はかなり難航したようで、結果的に静岡や岩手の資産が追加されることになった。

「九州・山口の近代化産業遺産群」と呼ばれたころから、薩摩藩の技術や八幡製鉄所との関連が指摘される岩手の橋野鉄鉱山と製鉄遺跡の名前が挙がっていた一方で、下関の砲台などブラッシュアップの過程で外された九州・山口県内の資産もあった。国内有数の大規模炭田を擁した福岡県筑豊地方の施設も残念ながら外れたが、その後、ここで庶民が残した炭鉱文化の記録が「世界の記憶」(ユネスコ記憶遺産)の国内第一号として実を結ぶことになる。

異例の推進態勢が発足

「産業革命遺産」が異例だったのは、本格的なシリアル・ノミネーションであることに加え、国の文化財ではない、長崎造船所や旧官営八幡製鉄所関連の、いわゆる稼働資産を含むことだった。これもまた、推薦書を練り上げるなかで浮上してきた特徴だ。

現役の稼働資産は、「百舌鳥・古市古墳群」の構成資産の過半数を占める宮内庁管理の陵墓と同様、文化財保護法の対象ではない。したがって、これらに対して文化庁だけでは対応できない。そのため内閣官房が主導する、従来にない態勢がとられた。それは同時に、前例にとらわれない取り組みを可能にし、推薦作業に海外の専門家が指導する立場で参加することにもつながった。産業革命発祥の地イギリスで長く産業遺産の登録に携わってきた人もいたし、イコモスの評価にも影響を及ぼす国際産業遺産保存委員会（TICCIH）の関係者もいた。日本にとっては不慣れな分野であるため、豊富な経験を有する海外専門家の知見が欠かせないとの判断である。

とはいっても、構成資産の多くは従来と同じ指定文化財である。外国人が主導権を握ることに、文化審議会委員らの反発もあったかに聞く。日本の推薦候補は日本人の手で、というわけだ。

なるほど、文化財保護の使命を自負して国内候補の選定に携わってきた専門家たちから見れば「産業革命遺産」の取り組みはかなり複雑かつ異様で、登録実現のためにはなりふり構わないようにさえ映っただろう。ただ、産業遺産は、各地域固有の歴史文化に基づく資産と違い、産業革命以降の技術が世界に拡散したことで成り立つ、かなりグローバルな均一性を持った分野である。したがって、登録の可能性を高めようとするならば、どうしても世界レベルの見識や感覚が必要となってくる。換言すれば、産業遺産ほど世界と日本の価値観が矛盾せずに重なる分野はなく、一国主義では対応できない要素を多々含んでいたと言える。

「政治判断だ！」

ところが、世界遺産登録推進協議会の計算に狂いが生じ始める。二〇一三年、長崎県が推す「長崎の教会群とキリスト教関連遺産」のスケジュールとぶつかり、九州勢同士で二〇一五年に審査される推薦枠の奪い合いとなったのだ。長崎県は「産業革命遺産」を構成する自治体の一員でもあったが、地元資産が中心となる本命「教会群」の優先を明言していた。

「教会群」には不運が重なったこともあり、長崎県にも焦りがあったのだろう。というのは、従来複数の推薦も可能だった国内の推薦枠が、ユネスコの抑制策のあおりを受けて二〇一二年度から一年一件になったことに加え、「富岡製糸場」（群馬県）に競り負けたために、自らも与《くみ》する「産業革命遺産」の日程にずれ込むことになったのだ。「教会群」を「産業革命遺産」の後に回すという選択もあったはずだが、長崎にとって二〇一五年は、近世の迫害を逃れて潜伏していたキリシタンが再び信仰を告白した「信徒発見」一五〇年の記念すべき年。ぜひともこの節目に登録を、との思いは強かった。また、これを逃せば今度は「宗像・沖ノ島」（福岡県）とぶつかる可能性があり、ひとつのパイをめぐって再び九州勢同士の綱引きとなる事態になりかねない状況だった。

長崎県と九州の他の自治体との関係はこじれ、文化庁と内閣官房の代理戦争の様相も呈しながら両陣営の陳情合戦が始まった。「産業革命遺産」側からは関係一〇市の首長が上京して官房長官や国土交通大臣、総務大臣らをそろって訪問し、「特段の支援」を要望。長崎県も知事らが「教会群」の早期推薦を求め続けた。

結局、官房長官の「裁定」で、軍配は「産業革命遺産」に。岩手県釜石市の高炉跡も含まれているため、東日本大震災復興支援への貢献も期待されたようだ。一方、「教会群」は推薦書の準備も先行し、前評判も高かっただけに、関係者からは「政治判断だ！」と不満が渦巻いた。

財界と稼働資産

ともあれ、こうして「産業革命遺産」は、ようやく動き出した。地域経済にも連動するだけに、経済界のはしゃぎぶりは大変なものだった。

財界の重鎮がトップにずらりと並ぶ一般財団法人産業遺産国民会議も組織された。審議予定の一年前、二〇一四年七月には東京の一流ホテルで、内閣官房と世界遺産登録推進協議会、産業遺産国民会議主催の大規模な集会が盛大に催され、大勢の財界人や政治家が気勢を上げた。プレスの問い合わせや取材申し込みは内閣官房地域活性化統合事務局。世界遺産候補を抱える地方自治体が知名度アップのために東京でシンポジウムを開くのはよく見かけるが、ひとつの推薦候補にこれだけ国が関与しての決起集会は、あまり記憶にない。もちろん悪いとは言わないけれど政界のパーティーを見るようで、私にはなんとなく違和感が残った。

「産業革命遺産」は従来にないケースだけに、メディアにも戸惑いは隠せなかった。特に稼働資産の取材はその秘密主義に阻まれて、なかなか苦労した。それらを所有する三菱重工長崎造船所や新日鐵住金(現・日本製鉄)による報道関係者視察会もあったが、自由な行動は制限され、かなり厳しいものだった。無理もない。国の発展を支えてきた国内屈指の民間企業だけに、敷地内には重要機密も多数存在する。企業にとって、経営的側面だけをとらえれば、いろんな規制が課される世界遺産など迷惑なことに違いない。ちなみに当時、八幡製鉄所ゆかりの北九州市の工場が韓国鉄鋼大手と係争中だった技術流出事件に絡んでいたこともあり、新日鐵住金側は神経をとがらせていたのかもしれない。

にもかかわらず、これらが世界遺産話をあえて受け入れたのは、世論の動向やシビアな政治的判断もあってのことだろうけれど、国家の発展と二人三脚で歩んできた日本を代表する企業としての自負と矜持ゆえの社会貢献的な意味もあったのではないか。ただし今後、稼働資産の登録話が持ち上がったとき、所有者次第では、この二社と同じ対応を期待できるとは限らない。稼働資産は企業利益と密接にかかわるがゆえに、複雑な事情を持つ。だからこそこの手の資産には、複数のステークホルダーの利害関係を調整できる高度な政治的手腕が必要とされたのである。

大荒れの予感

一難去って、また一難。ようやく一本化した国内候補だったが、次は海外の厳しい反応が待っていた。「産業革命遺産」の推薦決定に、当時、日本とともに世界遺産委員会の委員国だった韓国が、かつて自国民を「強制労働」させた施設が含まれるとして猛反発し、国を挙げて登録阻止の行動に出たのである。

韓国側の言い分は、こうだ。

二三の構成資産のうち、長崎造船所や端島、三池炭鉱、八幡製鉄所など七つの資産が、第二次世界大戦中の朝鮮人強制労働に関係しており、訴訟も起こっている。それらを登録することは、世界すべての人民のためを旨とする世界遺産条約の原則に反することになり、国家間の平和を希求するユネスコ憲章にも背くことになる。また、対象資産の時代幅は強制労働が行われた時期より前だというが、それらの生産の最盛期は一九一〇年よりあとのことで、それより前に時期を限定することはOUVを満たさない――。

当時の朴槿恵《パククネ》大統領は訪韓したユネスコのイリナ・ボコヴァ事務局長と会談し、「産業革命遺産」が条約の趣旨にそぐわないことを訴え、韓国国会も日本政府を非難する決議を採択。世界遺産委員国にも強力な働きかけを続けた。

さらに韓国側は、イコモス関係者に対しても激烈な説得工作を仕掛けたとされる。イコモスは前述のように、建築学などの専門家でつくるNGO機関であり、中立的存在である。そこに特定の国家が公然と圧力を加えることはイコモス勧告の公平性を損なう行為であり、一国がとる紳士的な態度とは言い難い。にもかかわらず、韓国がなりふり構わぬ行動を取らざるを得なかった背景には、日本への弱腰を許さない世論と、弱体化しつつある当時の政権の起死回生に向けた思惑があったとみられる。摩擦が続く日韓の歴史問題で、新たな外交カードをねらったことも十分に推測された。

これに対して日本側も副大臣クラスを各国に派遣して巻き返しを図るが、先行する綿密で執拗な韓国側の説得工作の前に、時すでに遅しの感もあった。

こんな日韓両国の政治的綱引きのなか、イコモスは「産業革命遺産」に二三資産すべてを認める「登録」勧告を出した。韓国側の猛攻をはねのけての評価だけに、毅然とした態度ではあった。

日韓両国のジレンマ

ところがこの勧告は、逆に日韓の溝を深めることになる。

もし勧告が「情報照会」や「登録延期」ならば、韓国側もある程度メンツは立っただろう。

だが、出てしまった「登録」の勧告になお公然と反対することは、世界遺産条約のシステム、ひいては締約国すべてを敵に回すことになりかねない。登録勧告は委員会審議でも、ほぼ踏襲されるのが常だからだ。かといって徹底抗戦を掲げた以上、自国の世論を納得させるためにも、安易な歩み寄りは許されない。国内世論に面目が立つ形で軟着陸させなくてはならない状況に陥ったわけだ。

イコモス勧告後、韓国側は日韓協議で歩み寄りをみせた。かたくなに反対姿勢に固執して世界から批判を浴びるよりも、日本側からなんらかの譲歩案を引き出す方が得策だとの判断が働いたのではないか。

一方、期待どおりの勧告を得たはずの日本も、考えようでは苦しい立場に立たされた。なぜなら、「情報照会」や「登録延期」なら、「まずは登録を」という名目で多少の譲歩も戦略的に許されただろう。ところが勧告がパーフェクトだったために、日本側には譲歩する理由がなくなった。歩み寄りをみせることは、「イコモスの技術的・専門的見地を尊重する」としてきた従来の主張と自家撞着を生むことになるからだ。

もし、韓国側が世界を敵に回す覚悟で委員会に臨めば、二つの選択肢が出てくるはずだった。委員国による投票か、審議の先送りである。投票になれば、委員国は日韓どちらかに与することになる。彼らにとって、一方の恨みを買ってまで日韓の争いに巻き込まれることにメリットはない。「ほとんどが棄権するのでは」との見方さえ出たが、十分ありうることだった。
議長国ドイツの判断で審議の先送りが勧告される可能性もあった。そうなれば、「産業革命遺産」の登録は絶望的になる。なぜなら、日本はある程度の発言力を持つ委員国の任期が二〇一五年で終わる予定だったからだ。一方、韓国の任期は二〇一七年までだった。状況がよほど好転しない限り、少なくとも任期切れの年までは、韓国は「産業革命遺産」の登録を認めないだろう。それに、たとえ韓国の任期が切れても、暫定リストに多数の国内推薦候補が控えるなか、外交的に〝爆弾〟を抱えてしまった「産業革命遺産」を、あえてリスクを冒してまで日本政府が再提出するかは疑問だ。つまり、日本側にとっても、二〇一五年が事実上の一発勝負だったわけである。

イコモスに登録を勧告されながら審議先送りになったり一時足踏みしたりした案件は、国境地帯にあってその帰属が問題となった「ダンの三連アーチ門」(イスラエル申請)や複合遺産の「ピマチオウィン・アキ」(カナダ申請)などのほかいくつもなく、これらは異例中の異例。特に前者は国境問題が解決しない以上、登録は事実上、不可能とされる。日本側にとっても、同じ轍《てつ》を踏むことだけは避けたいのが本音だったに違いない。

「強制労働があった施設は認められない」「そもそも対象の時期が異なる」――。日韓両国はお互いに振り上げた拳をおろせないまま、政治的な妥協を探る工作を水面下で始めた。その結果、委員会が始まる一週間前、六月二一日の外相会談で、韓国がユネスコに提出していた「百済の歴史遺跡地区」と併せてお互いが尊重し合うことになり、急転直下、事態は沈静したかに見えた。

波乱の幕開け

様々な思惑が渦巻くなか、二〇一五年夏、ドイツのボンで第三九回世界遺産委員会が始まった。ユネスコが外交摩擦の現場に巻き込まれる波乱の幕開けであり、現地で取材にあたった私もまた、世界遺産の矛盾と国家のエゴが一気に噴き出す場面を目《ま》の当たりにすることになった。

ベートーヴェンの生まれ故郷ボンは、かつて西ドイツの首都だったわりにはこぢんまりとして、豊かな緑に囲まれた中規模都市である。会場となったワールド・カンファレンスセンターでは、七月三日から五日にかけて新規案件を対象にリスト登録の是非が審議された。「産業革命遺産」は当初、自然遺産、複合遺産に続く文化遺産のなかで七番目に審議されることになっていた。

反発していた韓国とも外相同士が直前に〝手打ち〟をし、なんとか危機を回避できたかに見えていたため、「産業革命遺産」は晴れて登録実現のはずだった。が、ことはすんなり運ばない。ここに来て懸案事項が再燃し、韓国との調整がまたもや難航。審議の先延ばしを繰り返し、一時は妥結も危ぶまれる事態に陥ったのだ。事務レベルでの詳細な調整が取り残されていたため、現地で認識の違いが表面化したらしい。

発端は、審議の際に両国が交わすスピーチについて、日本側が韓国側の文言を問題にしたことだったようだ。韓国側の文面に、強制性を意味する「forced labour」という言葉があるのを日本側が問題視したのである。

日本側にとって徴用工をめぐる問題は、国家総動員法に基づく国民徴用令において、当時の日本の一角をなした朝鮮半島の人々にも合法的に適用されたのだから、そこに強制性はないとの立場だ。だから、この文言を見過ごすことは韓国内で相次ぐ徴用工関連の賠償請求訴訟にも影響を与えかねない、と懸念したとみられる。一方、韓国側は、スピーチの内容は自主的なもので他国に干渉される筋合いはない、と突っぱねた。

ずれ込む審議、緊迫する日々

再び両国は落としどころを探りつつ、それぞれ賛同してくれる国の獲得競争に走らざるを得なくなった。それが着地点の見いだせない膠着《こうちゃく》状態を生んだ。

日本側が恐れたのは、まずは日韓の二国間で調整してから、という流れになることだった。そうなれば、早期の登録実現は絶望的になる。穏やかに審議が進む他の物件と対照的に、「産業革命遺産」の審議は大幅にずれ込み、現地では先が見通せない緊迫した様相に突入。会場の前では韓国の市民団体がテントを張って立て看板を並べ、登録反対に気勢を上げた。

順当に行くと、早ければ三日の夕、少なくとも翌四日の午前と思われた審議が午後の見通しとなり、さらに最終日五日へ、最終的には時間切れ寸前の午後三時(現地時間)にまでもつれ込んだ。その間、日韓の代表団は会場内外を走り回ってギリギリの折衝を続け、我々報道陣もそれを追いかけるという状況が続いた。関係自治体が派遣した職員たちも、なかなか情報が入ってこずに困惑するばかりだったようだ。

世界遺産委員会の会場前で「産業革命遺産」の登録に反対する韓国の市民団体(ドイツ・ボン)

現場では、議長国のメンツにかけて混乱を望まないドイツが両国に歩み寄りを促し、委員会の国々も円満な解決を強く迫った。そのかいあって、土壇場でようやく登録にこぎ着けたわけだが、結局、両国が選んだのは、韓国側がこだわった「forced labour」の代わりに「forced to work」という表現を採用し、それをそれぞれ自国に都合よく解釈する方法だった。しかしこの〝玉虫色〟の決着は当然火種を残し、のちに両国内で摩擦を再燃させることになる。

サマータイム実施中のドイツと日本との時差は七時間。

欧州での取材はいつもそうなのだが、全国紙では段階的に分かれる朝刊の早版から遅版まで、それぞれに最新の情報を押し込まなくてはならない。ここでは言及しないけれど、私たちもあの手この手で取材を試み、かなり劇的な形で原稿を締め切りに間に合わせたこともあった。

世界遺産委員会の場合、イコモス勧告が「登録」なら通常それほど混乱はないため、現地取材も一人か二人で済むのだが、このときは日韓摩擦の再燃という不安材料もあって国際報道部の応援がロンドンのヨーロッパ総局とベルリン支局、ソウル支局から駆けつけ、彼らとチーム取材に入った。社会部や政治部などに比べて、一般に文化部記者は放送など一部の担当をのぞき、いわゆる夜討ち朝駆け(夜回り朝回り)が多いわけではない。しかし、私も支局で警察担当の事件記者をしていた修業時代以来、文化部の専門記者ながら久しぶりに、しかも異邦の地で、あのキリキリと胃の痛くなるような感覚を味わった。

なんとか登録が決まり、出稿作業も一段落した後、仲間たちと繰り出したボンの町は、緯度が高く、サマータイムということもあってか、かなり夜は更けていたのに明るかった。四人で乾杯したドイツビールの味はいまも忘れられない。

とにもかくにも、世界遺産委員会で繰り広げられた一連の騒動は、国の利権が絡む政治介入の醜さ、それをユネスコという場に持ち込んだ愚かさを、世界中に印象づけてしまったと言えそうだ。

平和の舞台で「場外乱闘」

いま一度、おさらいしよう。

「産業革命遺産」をめぐる混乱の焦点は、戦時中、七つの構成資産に朝鮮人労働者が徴用工として動員された際、強制性があったか、なかったか。「強制」にこだわる韓国とそれを認めない日本が、どう折り合いをつけるか、だったと言える。

産業遺産の本質は植民地主義と切り離せないし、それが帝国主義政策を支えた以上、そこには近代化にともなう暗いイメージが常につきまとう。だから当初から、「産業革命遺産」は平和構築を旨とするユネスコ憲章と相いれないとの厳しい意見があった。日韓両国のスタンスにおいては、資産の対象を一九一〇年までに限定する日本側と、一部資産の活動が継続し稼働資産さえ含む以上、戦時中まで対象期間を拡大するべきだという韓国側との、根本的な見解の相違があった。

確かに、韓国側によるイコモスなどへの強引な働きかけには首をかしげざるを得ないが、日本側の脇の甘さも否めない。「産業革命遺産」が区切る一九一〇年とは、日本の近代国家の仲間入りを誇示する日英博覧会がロンドンで開催された一方で、よりによって韓国併合の年であり、故意に禍根を取り除こうとしたと韓国側に邪推されてもしかたがない。いくら期限を切ったところで、近隣諸国の立場に立てば、戦前・戦中の苦い記憶とオーバーラップさせるなというほうが無理だろう。むしろ作為的に映って反発を買うことも十分に予測できたはずで、海外の反日感情を考えると、それが火に油を注ぐことになるのは想定内だったはずだ。また、ほぼ同じころ「世界の記憶」で問題化していた、鹿児島県南九州市の「知覧からの手紙」(知覧特攻遺書)(当時)に対する中国や韓国の反発を踏まえれば、隣国の反応は当然予想されてしかるべきだった。

こうして、日韓が抱える歴史問題に端を発した両国の〝場外乱闘〟は第三国を巻き込みながら、それとは何の関係もない世界遺産条約の国際会議を舞台にして、その経緯がリアルタイムで世界中に配信されるという失態となった。この混乱は、政治的視点から見れば、二〇一三年の国内選考時に長崎の「教会群」から推薦枠をもぎとった時点からの延長上でとらえることができるだろうし、それがさらに発展したものとみてもよさそうだ(中村俊介二〇一五「政治に翻弄される世界遺産――二〇一五年、ドイツ〈ボン〉における第三九回世界遺産委員会の報告」『考古学研究』二四七)。

政治力学とどう向き合うか

「産業革命遺産」は、世界遺産における政治力学をクローズアップさせた。これまでは「情報照会」や「登録延期」の勧告が「登録」決議へと昇格することが多かったため、それに不満を抱く者はなく、問題化することもほとんどなかった。ところが今回は逆に、イコモス勧告で「登録」とされたものが、委員会において覆されかねない異例の事態となったために注目を集め、問題が一気に表面化した。考えようでは、この展開が、世界遺産と国際政治との関係を再考する貴重な機会を与えてくれたと言えるかもしれない。

もとより、世界遺産は外交圧力を受けやすい。人類共通の財産といいながら、現実的にはその選択が、それぞれ思惑を持つ国々の代表にゆだねられている葛藤を潜在的に抱えるからだ。特に文化遺産の分野は自国や特定民族のアイデンティティーにかかわる物件が多いため、その登録の可否は国内でも関心が高く、ともすれば感情的な摩擦につながりやすい。ユネスコ独自の「世界の記憶」事業で「南京大虐殺」や「慰安婦」関連の資料が問題となり、この制度に政治的な偏りがあるとして日本のユネスコ脱退を主張したメディアさえあったことをみても、歴史遺産とは元来、民族意識を刺激し高揚させやすいものなのだ。

そもそも、世界遺産は国家という枠組みに基づく制度に支えられ、かつ縛られている。国際条約である以上、政治がかかわるのはむしろ当然だし、いわば条約が内包する根本的な矛盾と言え、この現実から逃れることはできない（青柳正規・松田陽二〇〇五「世界遺産の理念と制度」『世界遺産と歴史学』）。したがって、そこには常に政治介入の芽が潜んでいることを前提としなければならない。

とはいえ、世界遺産が掲げるOUVは国境を越えたところにあるはずだ。であるならば、ユネスコや国際社会は、功罪を抱える政治とうまく付き合っていく術を模索するしかない。もはや文化遺産が社会と切り離されては存在できない時代、そこから生じるあらゆる形の圧力に対処するには、柔軟かつ現実的な思考がますます不可欠になってくるだろう。

世界遺産は今後、どう政治と向き合うのか。私たちは、真剣に考える時期に来ている。ユネスコに特定国家間の争いを持ち込んでいる場合ではないのである。

第三章　越境する世界遺産

朝日に輝くバガンの仏塔たち(ミャンマー)

1　ユネスコ条約と流出文化財

世界遺産条約の周縁

ユネスコの条約は世界遺産条約だけでは、もちろんない。無形文化遺産保護条約や水中文化遺産保護条約、また、文化財の違法な輸出入を禁じる一九七〇年の条約や、遺跡を武力紛争から守るためのハーグ条約などなど。ユネスコ独自の事業もある。世界遺産条約とともに、多様な分野の条約やプログラムが補完し合い、組み合わさって、人類遺産の壮大な保護体系をかたちづくっている。それぞれ成り立ちも理念も違い、独自に運営されているけれど、いずれも私たちの宝を後世に手渡すという目的であることに違いはない。

むろん、諸々の遺産は特定の条約やプログラムの枠にはまるよう、都合よく独立して存在するわけではない。したがって、遺産の数や種類、概念が広がっていくのにともない、それぞれの条約がカバーしてきた分野がオーバーラップを始めている。異なる条約間で相互に重なる対象も目立ってきた。すなわち、より包括的な保護に向けてこれらの条約をどう有効に連携させ、効率的に運用していくか、が問われ始めたのだ。

ここからは世界遺産条約に隣接するいくつかのユネスコ条約や取り組みを紹介しながら、未来の保護体制の在り方を探りたい。

仏像盗難事件

二〇一七年の初め、ある判決が韓国の大田《テジョン》地裁で出た。二〇一二年に長崎県の対馬で盗まれたのち韓国内で発見された朝鮮半島製の仏像に対し、裁判所が所有権を主張する韓国内の寺への引き渡しを認めたのだ。寺の言い分は、もともと仏像の所有者は自分たちで、一四世紀に倭《わ》寇《こう》が「正常でない方法」で略奪したのだから日本に返さなくてよい、というものだった。

この事件は、文化遺産は誰のものなのか、という古くて新しい議論を再燃させることになった。そもそも国家の概念も国境線も違う時代の出来事を、現代社会の論理に当てはめて的確な判断ができるのか。世界遺産も決して例外ではない。それどころか、東南アジアのヒンドゥー寺院遺跡プレアヴィヒアをはさんだタイとカンボジアの争いや、宗教遺跡群の帰属をめぐるイスラエルとパレスチナの苛烈な駆け引きなど、ユネスコもまた、文化遺産の所有および保護・管理において深刻な課題に直面してきた。バーミヤンの壁画のように、数え切れない断片が闇に紛れてアフガニスタン国外に流出している問題とも表裏一体だ。それを防止するためのユネスコ条約は存在するが、ここでもその運用をめぐって国家間の思惑が交錯する。

まずはその典型例ともいえる対馬の事件から、この問題の複雑さを繙《ひもと》いてみよう。

略奪か、流出か

ことの発端は二〇一二年一〇月のこと。韓国人観光客にも人気の高い国境の島、対馬で、海神神社の「銅造如来立像」(重要文化財)と観音寺の「観世音菩薩坐像」(長崎県有形文化財)の、仏像二体が盗まれた事件にさかのぼる。後日、韓国内で発見されて現地の警察に押収されたものの、そのうちの菩薩坐像について韓国の浮石寺が所有権を主張し、大田の地方裁判所はそれを認めて移転禁止の仮処分を出した。その結果、二体の仏像は韓国内に残されたまま膠着状態となった。

これに対し、日本側は盗難品を戻すのは当たり前だと反発を強める。対馬市長が島民の署名を携えて韓国文化財庁を訪れるなど返還を求める世論が高まるなか、日本政府も懸念を表明して外交問題に発展。韓国政府も、仏像が日本にもたらされた経緯の学術的な断定は難しいとの立場をとった。さすがに、日本相手に文化財返還運動に取り組む韓国の市民団体からさえ、窃盗品を返すのは当然だとの理性的な声が出て即時返還を求める行政訴訟まで起こるなど、裁判所の決定を疑問視する動きが相次いだ。

はたして仏像の渡海が前期倭寇、すなわち日本人の手によるものと断定してよいのか、見解は割れる。略奪どころか、儒教を重視した朝鮮王朝初期の廃仏毀釈から逃れてきたとみる意見すらある。とすれば、むしろ渡来仏は対馬で保護されたことになる。

現実的に考えると、数百年前の仏像渡来の経緯を証明するのは難しい。ならば、現代の盗難事件と、あくまで可能性としての倭寇による掠奪が同レベルで論じられること自体に無理があるし、なにより窃盗という犯罪行為で韓国内に持ち込まれた事実が結果的に不問に付されたことは理解に苦しむ。一九七〇年にユネスコで採択された「文化財の不法な輸出、輸入及び所有権移転を禁止し防止する手段に関する条約」にのっとって速やかに処理されるべきだ、との指摘が出たが、当然だろう。

通称一九七〇年条約とかユネスコ条約と呼ばれるこの条約は、文字どおり、盗まれたり奪われたりした文化財が国外に流出して売買されることを防ぐ内容である。古来、古文化財とは、墓泥棒に盗掘されて市場に流通し、富裕層の需要のままに売買されるものであった。だが、文化遺産は人類全体の宝であり、地域社会のアイデンティティーを支える柱であるとの近代思想の成長とともに、国際社会全体でそれを守ろうという意識が芽生えた。採択の時期をほぼ同じくする世界遺産条約とも理念上、軌を一にしているとみてよいだろう。

日本も締約国だが、この手の条約の常というか、結局、この仏像事件でも国家間の駆け引きの前に、その機能が有効に生かされていない。これもまた、ユネスコ関連条約の限界を露呈したと言えるだろうか。

すれ違う日韓の認識

なぜ、こんなにも主張は食い違うのか。思うに、対馬の事件は突然起こったわけではない。そこには歴史的な摩擦に端を発する伏線、すなわち植民地時代の流出文化財に対する両国民の認識に根ざした、奥深いすれ違いがある。朝鮮半島の文化財がどうして、どんな手続きで日本にあるのか、という基本情報が両国間で共有されていないのだ。

植民地時代、韓国からはおびただしい文化財が日本に持ち出された。古墳の盗掘が繰り返され、上質な高麗青磁など闇に消えた出土品も少なくない。そんな流出文化財は六万とも、それ以上とも言われる。いまなお異郷の地に留め置かれているものもあれば、奇跡的に故郷の土を踏んだものもある。

日本の朝鮮半島支配が終わって二〇年後の一九六五年、日韓両国は「文化財及び文化協力に関する協定」を結び、返還問題は法的に解決済みとの立場をとってきた。このとき一〇〇〇件を超える文化財が返されたが、日本国内にはいまも膨大な個人蔵のコレクションが眠るとされる。

協定はあくまでも外交上の取り決めであって、国民意識をそのまま反映しているわけではない。それらについて日本では交易や文化交流で入手されたものが多いと考えられがちなのに対し、韓国では略奪されたと思う人が多いともいうし、たとえ正当な商取引であっても植民地下での売買は成り立たない、との声もある。だから韓国国内では不満がくすぶり続け、流出文化財を植民地時代の残滓《ざんし》だと見なす感情が根強い。協定は政治的妥協を急いだ結果なので無効にするべきだという意見もある。そして、そのわだかまった不満が文化財へ向けられ、返還要求の高まりという形で噴き出すことになった。近年の外交関係の悪化も絡み、ナショナリズムがそこに拍車をかけているのは疑いない。

数奇な運命のもとで

二〇一一年、私は流出文化財の現状を取材しようと韓国に出かけた。そのなかで見聞したことを、少しだけ紹介したい。

国立中央博物館内にそびえる高麗時代の石塔（韓国・ソウル）

ソウルには、数奇な運命にもてあそばれながらも奇跡的に生還した石塔がある。国立中央博物館の吹き抜けにそびえる巨大な十層石塔を、みなさんは見たことがあるだろうか。圧倒的な存在感を放つ同館のシンボルだが、これが日本に持ち去られた過去を知る人は少ない。

一四世紀の作で、高麗《こうらい》王朝時代の敬天寺にあったという。古くからそのユニークな造形は知られていたようで、一九世紀の地図にも「白い塔」として記されているそうだ。

一九〇七年、ときの宮内大臣、田中光顕はこの塔に興味を示し、解体して日本に持ち帰った。ところが、外国人が新聞に批判記事を書くなど内外で非難を浴び、荷ほどきされないまま放置される。一九一八年、韓国に戻ったものの、約四〇年もの間、ソウルの景福宮内に置かれたままだった。

一九五〇年代から六〇年代にかけて復元されたが、日韓を往来するなかで損傷もあったらしい。九〇年代に入って再び解体修理と保存処理がほどこされ、二〇〇五年、中央博物館の新しい建物の完成とともに、ようやく安住の地を得た。

表面には仏や獅子、『西遊記』の場面などが彫り込まれているが、変色したのか、白い部分と黒い部分が入り交じっている。風化や酸性雨の影響だろうか、それとも一〇〇年に及ぶ受難の爪痕だろうか。

一方、両国市民の友情に支えられて里戻りした例もある。

ソウル近郊に果川という町がある。秋史(チュサ)の号で有名な朝鮮時代の書芸家、金正喜が晩年を過ごした地だ。地元では彼の顕彰を進めており、シンポジウムや国際会議も開かれてきた。

元果川文化院院長の崔鍾秀さんは、ある学術会議を前に、秋史研究で知られた藤塚鄰《ちかし》の遺族を捜していた。京城帝国大学教授だった藤塚は、秋史に関するたくさんの資料を日本に持ち帰っていた。

二〇〇五年、崔さんは、東京都練馬区に住んでいたご子息の自宅を訪ねる。戦争で多くの資料は灰燼《かいじん》に帰していたが、無事だったいくつかを書斎で見つけた。訪問の翌日、ご子息からホテルに電話があった。秋史の関連資料を寄贈したいとの申し出だった。父の遺志を継いで研究を続けてほしいというのだ。

翌〇六年、秋史の自筆二六点を含む膨大な資料が果川市に寄贈された。それを見届けるかのように、その夏、ご子息は九四歳で逝ったという。

しかし、こんな幸せな例は数少ない。

主の帰還を待ちわびて

新羅千年の古都、慶尚北道の慶州を訪れる人が必ず向かうのが仏国寺だろう。世界遺産にも登録されている名刹である。

有名な石造りの多宝塔に、一頭だけ獅子がたたずんでいる。本来は四方に配されていたが、植民地時代に日本人の手で三頭が奪われたといわれる。多宝塔の案内板をのぞき込むと、日本語解説は簡単に塔の概要を記すのみだったが、ハングルの長い解説には「日帝」の文字があった。

境内裏手には、立派な覆い屋に舎利塔が立っていた。仏、菩薩、神将が彫られた高麗初期の作で、解説板には「一九〇五年に日本へ移されたが、一九三三年回収」と記されていた。

仏国寺からほど近い山腹に石窟庵がある。民藝運動で有名な柳宗悦も激賛した仏たちが石窟内に鎮座している。見学通路からは死角になって見えないが、一部の龕は空洞だという。やはり植民地時代に奪われたそうだ。

観光客でごった返す慶州の世界遺産にも、目をこらせば植民地時代の暗い歴史が影を落とす。

ソウル郊外の利川市を訪れた。人口二〇万人ほどの、やきもので知られる町だ。公園の池のほとりに無数の紙切れがつるされ、ひらひらとはためいているのを見た。石塔返還の署名用紙だった。

東京都港区のある私立美術館の屋外に優美な石塔がある。利川の浄土寺にあったもので、植民地時代に朝鮮総督府を通じて日本に持ち出された。この石塔が雑誌や地元新聞で紹介され、返還運動が盛り上がる。二〇〇九年には署名運動が始まり、たった一年で市の人口の半分、一〇万人もの署名が集まった。公園の署名用紙はそのときのものだ。

現代アートが点在する庭の一角に三メートル四方ほどの空き地があり、古びた石塔の写真の前に解説があった。利川五層石塔は住民の意思とは関係なく日本に移された。その帰郷は韓日両国間の不幸な過去による傷を癒やすだろう――。そんな内容だった。いつか石塔が戻ったら、ここに据えられるのだという。

これらの流出文化財をめぐって組織的な返還の動きがなかったわけではない。二〇〇六年、東京大学が持っていた『朝鮮王朝実録』がソウル大学に贈られた。そして日韓併合一〇〇年を迎えた二〇一一年、ときの民主党政権の政治判断で、宮内庁が所蔵する『朝鮮王室儀軌』が韓国に戻った。

案内板が立てられた空間．いまも石塔の帰還を待つ（韓国・利川）

『朝鮮王室儀軌』は朝鮮王朝の宮廷の儀式次第や行事などを記録した公式文書で、返還を求める韓国世論に押されて実現した格好だ。ただ、文化財の返還問題は解決済みとの立場を堅持する日本政府が「引き渡し」と表現したのに対し、韓国内では「返還」ととらえて「取り戻した」との意識が強いなど、両国で認識のへだたりは大きい。こんな見解の相違は、世界遺産マチュ・ピチュ出土の遺物をめぐってペルー政府と出土品を保管してきた米イェール大学との間でも見られたように、なにも日韓だけの現象ではない。

いずれにせよ、日本国内にある多くの流出文化財は個人のコレクションとなっているため正確な実態把握が難しく、それらが里帰りできるかどうかは、結局、個人の善意に頼らざるを得ないのが実情だ。

「正常でない」

いま一度、対馬の仏像窃盗事件を考えてみよう。

国民感情が絡む歴史問題は、扱いが難しい。不毛な対立は問題をいっそうこじらせ、非難の応酬を激化させるばかりだ。日韓両国に、過去に対する感情的なわだかまりがあるのはまぎれもない事実だが、対立したままでは、なんの解決策も見つからない。まずは官民の努力の積み重ねと信頼の醸成が欠かせない。

『朝鮮王室儀軌』の「引き渡し」も、様々な政治的思惑があったとはいえ、少なくとも入念な議論と必要な手続きを重ねたうえでの判断だった。大田地裁判決はそこに水を差した格好で、司法が世論におもねったととらえられてもしかたないのではないか。韓国政府は控訴したが、これが先例となって、窃盗まがいの「不正」行為が流出文化財奪回の手段として蔓延しないか、心配だ。

大田地裁は「正常でない方法」を判断に据えた。正常でない——なにか腑に落ちない。仮に対馬への仏像の招来が倭寇の手によるものだとして、それは裁判所が言うような「正常でない方法」と決めつけてよいものだろうか。もし、近代の法治主義にもとづく「不正」の意味ならば、世界の有名博物館や美術館には「正常でない」手段で入手されたコレクションがあふれている。是非は別にして、珍奇な宝物や美術工芸品が略奪の対象だったのは人類史の常だ。ロンドンの大英博物館の所蔵品もパリのルーヴル美術館のそれも、少なからぬ歴史遺産が帝国主義、植民地政策下で集積された。それは決して肯定されるべきではないが、一方で歴史が持つまぎれもない陰の側面であり、矛盾と葛藤を物語る証人でもある。

いずれにしろ、仏像が何百年も対馬住民の崇敬を受けてきたのは事実。いまとなっては朝鮮王朝の廃仏で日本にもたらされたことを証明できないのと同様、倭寇の仕業を明確に証明することも簡単ではない。そもそも、諸説ある歴史的な出来事を現代の司法が断定することなど、できようはずがない。ならば、長年対馬で大切にされてきた重みに、もっと敬意が払われてもよかったのではないか。やみくもに近代国家の帰属論理を振りかざすことほど愚かなことはない。

奪った国の論理、奪われた国の論理

流出文化財の返還をめぐる問題は世界各地で目につく。

芸術の都パリは、東西の古代文明が残した文化遺産の宝庫でもある。パリ出張の際、東洋美術の殿堂、ギメ東洋美術館を訪れた。かつてフランスが支配したカンボジアのアンコール遺跡群の遺産に加え、DAFA(アフガニスタンにおけるフランス考古学調査団)が集めた仏像たち、ポール・ペリオ(一八七八―一九四五)がもたらしたシルクロードの壁画などが所狭しと陳列されていたのを記憶している。ペリオといえば、西域史を志した者なら知らぬ者はいない大東洋学者だ。諸言語に秀で、その高い学識で発見されたばかりの敦煌莫高窟の文書を選別し、母国に持ち帰った。

ハンガリー生まれのイギリス人、オーレル・スタイン(一八六二―一九四三)もまた、多くの敦煌文書を国外へ持ち出した。スタインの西域コレクションは大英博物館や大英図書館などに収められている。

世界に冠たるギメ東洋美術館や大英博物館の展示物は、見る者を感動させずにはおかない。一九世紀から二〇世紀にかけて、中央アジアのフロンティアをめざした西洋の探検家たちの大冒険に心も躍る。しかし、アジアの国々から見れば、彼らは自分たちの歴史遺産を持ち出したトレジャー・ハンター、犯罪者にすぎない。帝国主義によって祖国の財産が強奪されながらなす術もなかった、屈辱の履歴なのである。そう思い至るとき、私たちは複雑な気持ちに駆られる。我が国が誇る大谷探検隊の偉業もまた、例外ではないのだろう。

もちろん、西域美術だけではない。ルーヴル美術館には、ミロのヴィーナスやサモトラケのニケといった古代ギリシャの彫像、メソポタミア文明のハンムラビ法典など、おなじみの収品がずらりと並ぶ。アテネのパルテノン神殿を飾っていた大理石のレリーフ、いわゆるエルギン・マーブルや、古代エジプトの謎を解くきっかけとなったロゼッタ・ストーンは大英博物館が誇る目玉だ。

大英博物館のエルギン・マーブル（ロンドン）

これら世界屈指のコレクションは人類の至宝として現代の私たちに恩恵を与えてくれる一方で、摩擦も絶えない。かつて列強に搾取された側の新興国や発展途上国では、経済発展とともにアイデンティティーの模索が盛んとなった。自国から流出した文化遺産はそれを体現する、またとないツールだ。

世界を見渡せば、奪われた側の国々で略奪文化財の返還運動が続く。エルギン・マーブルはかつてギリシャを支配したオスマン帝国から英外交官エルギン卿が手に入れたものだが、ギリシャはイギリスに返還を強く求めているし、欧州に散らばる古代エジプトの秘宝もしかり。第二次アヘン戦争で奪われた中国・円明園のネズミとウサギのブロンズ像がクリスティーズの競売にかけられ、中国人が落札しながら代金を払わないと公言して物議を醸したのは記憶に新しい。イタリアからエチオピアへの返還交渉がまとまったアクスムのオベリスクのような例もないわけではないけれど、多くの場合、持ち出された国と持ち出した国との綱引きが続く。対馬の仏像問題がその一端に位置づけられるのは言うまでもない。

なるほど、文化遺産は、その文化の発祥の地で保管されるのが望ましい。ギリシャや中国の主張もうなずける。だが、一向に解決のめどが立たない。なぜならそこに、歴史遺産の特殊性があるからだ。ユネスコの一九七〇年条約の効力も植民地時代まではさかのぼらない。

フランスやイギリスには、破壊や散逸から貴重な人類遺産を守ったとの自負がある。大英博物館の無料開放は全世界の人々に、それらに触れる機会を公平に与えているとの理屈も成り立つだろう。現実問題として、それぞれが所蔵する膨大なコレクションをすべて返還するとなればルーヴル美術館や大英博物館は空っぽになりかねないし、それが世界の大きな損失になることも理解できる。それだけに、ユネスコも双方に対して中立な立場を取らざるを得ない。少なくとも、過去の価値観や時代背景が絡む複雑な経緯を、現代の論理のみで切り取ることが乱暴にすぎるのは確かである。

流出文化財に安住の地を

世界遺産ブームに乗って、文化遺産への関心は飛躍的に高まった。世界遺産は不動産が対象だけれども、歴史遺産の多くが動産・不動産、有形・無形で成り立っている以上、これら流出文化財とも無関係ではいられない。所有権をめぐって揺れ動き、いま現在もさまよう流出文化財に安住の地を見つけることは、二一世紀を生きる私たちの責務だろう。そして、世界遺産条約もまた、そこに大きな意義を持つ。

二〇一六年、九州と東京の両国立博物館で特別展「黄金のアフガニスタン」が開かれた。紀元前のアフガニスタンに出現したギリシャ人の都市遺跡アイ・ハヌムで見つかったヘラクレス立像は、はるか西方文化の伝播の足跡をまざまざと見せつけ、ユーラシアを疾駆した遊牧民が残したティリヤ・テペの副葬品は、黄金の輝きを放って見る者のため息を誘った。

これらの秘宝を遠く離れた日本で見ることができたのは、決して偶然ではない。一九七九年のソ連侵攻を境に、アフガニスタンは長年に及ぶ戦乱に突入した。遺跡や博物館は略奪され、破壊された。ところが、首都カブールの国立博物館所蔵品の一部がひそかに中央銀行の地下金庫に移されていたことが判明する。二〇〇四年にその封印が解かれ、秘宝は再び人々の眼前に姿を現した。それは過酷な現代史の一断面を映し出す証人であり、その陰には、戦火のなかで

破壊されたカブールの国立博物館に並べてあった展示物の残骸(アフガニスタン)

命を懸けて文化財を守り抜いた、心ある博物館の職員たちがいた。

そのひとり、アフガニスタン国立博物館で館長を務めたオマラ・ハーン・マスーディー氏に会う機会があった。三十数年間を過ごしたかつての職場は度重なる戦いで崩れ落ち、収蔵品の七割が持ち去られた。「日本のみなさんに、アフガニスタンの文化と歴史を理解してもらいたい。私たちの芸術はかつての繁栄の証しなのです」と彼は言った。荒涼とした土地と戦乱のイメージばかりが先立つアフガニスタンだが、かつてここが東西文明の行き交うシルクロードの要衝で、コスモポリタンな個性を育んだ土地柄だったことを知ってほしい、そんな願いがひしひしと伝わってきた。

展覧会には日本にたどり着いた流出文化財も展示されていた。シルクロードに愛着を寄せた故・平山郁夫画伯が「文化財難民」として収集したものだ。アイ・ハヌム出土のゼウスの左足先やショトラクの仏伝レリーフも会場に並んだ。二〇〇六年にバーミヤンの石窟内で私が目撃した、生々しい盗掘の傷痕をかつて飾っていたはずの仏陀の壁画もあった。首を少しかしげて座り、赤い衣が鮮やかだった。

この展覧会を機に、これらはアフガニスタンに返還された。しかし、かつて国土を支配した武装勢力タリバーンの影響力は残存し、過激派組織ISも不穏な動きを見せるなど、いまなお国内情勢は安定していない。

バーミヤンへの旅路の途中に滞在したカブールの、荒れ果てた国立博物館内で目にした光景を思い出す。戦闘の舞台となって屋根は落ち、かろうじて残った床に、粉々になった展示物が無造作に並べてあった。かつてはアフガニスタンの至宝として見学者の視線を集めていたであろう文化財の無残な姿だった。

ユーラシア大陸の中央と東端に離ればなれになった仏の壁画が帰る先は、故郷の安寧のなかにしか存在しない。流浪の旅に終止符を打ち、彼らに「終《つい》のすみか」と永遠の安らぎをもたらすのは、現在を生きる私たちの責任でもある。世界遺産条約の役割は小さくない。

2　接近する無形遺産と有形遺産

無形と有形の境

無形遺産と有形遺産の境界はどこなのか。無形文化遺産保護条約と世界遺産条約の垣根をどこに設けるべきなのか。

前者の対象は形のない精神世界、後者の対象は形のある物質世界、しかも不動産だが、そう簡単に割り切れるものではない。案件によっては無形的要素を無視できなくなっているのは「宗像・沖ノ島」でも見たとおり。世界遺産が文化遺産と自然遺産にまたがって複合遺産を設定したように、文化遺産の枠組み内でも同じことが言えるのだ。

伝統芸能や技術、信仰、慣習・風習、祭りなど、無形要素がOUVの核心をなす資産はいくらでもある。伝統的な生業に光を当てた文化的景観や、集団的なレゾンデートルを主張する民族固有の伝統文化は言うまでもなく、無機質な産業遺産でさえ、TICCIHとイコモスの「共同原則」(二〇一〇年)はノウハウやコミュニティーといった無形的な要素に留意している。そもそも文化とは有形・無形が入り交じる集合体なのだから、当然と言えば当然なのだ。実際、世界遺産では、無形的な要素をどう扱うかが喫緊の課題となっている。

二〇一五年秋、福岡市でイコモスの年次総会・諮問委員会が開かれた。一九九四年に奈良で開かれて以来の、久々の国内開催だった。

文化遺産の評価を担当するイコモスは有形文化財におけるエキスパート集団のイメージが強いが、この会議ではむしろ有形遺産を取り巻くソフト面への関心の高まりが見て取れた。討論や報告のテーマに「intangible heritage(無形遺産)」とか「identity」といった文字が躍っていたのは、無形要素の保護なくして有形遺産は守れない、という危機感の表れだろう。

とりわけ、世界遺産のガイドラインが五つ目の「C」として掲げる地域社会の衰退や変質は深刻だ。たとえば、いびつな都市化の進行である。南米の、ある歴史地区では、富裕層によるセカンドハウスの建築が相次いだために古くからの住民が減少して地区の空洞化が進み、特定の時期にしか街に人がいなくなっているとの報告があった。その結果、先祖代々受け継がれてきた住民意識が急激に薄れ、地元への愛着も育ちにくくなっているという。遺産を支えるべき地域社会そのものが弱体化しているのだ。頻発する紛争もコミュニティーの崩壊に追い打ちをかける。中東では戦闘によって多くの歴史遺産が失われ、周辺の地域社会が消滅しつつある。

「有形と無形の枠を超えた保護システムを」「イコモスの役割は、有形資産のオーセンティシティーはどうか、などの議論ばかりではない」。そんな声が会場のあちこちで聞こえた。これも条約同士の歩み寄り、いや、もはやお互いが無視できない状況にあることへの反映ととらえることはできないか。

ＯＵＶはいらない？

無形文化遺産保護条約と世界遺産条約との連携とひと口に言っても、そう簡単ではない。なぜならば、両者は成り立ちも理念も大きく異なるからだ。最大の違いは、世界遺産に必須のＯ

UVが無形文化遺産には必ずしも必要とされてこなかった点である。OUVがいらない？　意外に思われる方も多いと思うけれど、その理由は条約の生い立ちにある。

そもそも、無形文化遺産保護条約とはなにか。ここで少しだけ、おさらいしよう。

正式には「無形文化遺産の保護に関する条約」といい、二〇〇三年にユネスコ総会で採択された。締約国が候補をユネスコに提案し、評価機関の審査をへて、政府間委員会で「登録」「情報照会」「不登録」のいずれかを決定する。世界遺産条約をモデルにしているから、代表リストも緊急保護リストもある。

この条約はもともと、ユネスコのプログラム「人類の口承及び無形遺産に関する傑作の宣言」から統合・発展的に生まれたもので、傑作宣言の時点では日本から「能楽」や「人形浄瑠《じょうる》璃《り》文楽」「歌舞伎」といった、日本人なら誰もが思い浮かべる伝統芸能を含んでいた。そして、そこには文字どおり、傑作としてのOUVに近い価値観が求められていた。

ところが議論の末、「傑作」の概念がこの条約には適用されないことになった。その過程には紆余曲折があったようだが、要するに、それぞれの無形遺産は人間社会の文化的多様性を具現化したものであり、そこに優劣はない、というわけだ。世界遺産で暴走してしまったリスト至上主義への反省もあったようである(七海ゆみ子二〇一二『無形文化遺産とは何か』)。

その結果、無形文化遺産保護条約はこの精神にのっとり、提案された候補は可能な限りリストに記載するという、世界遺産の選別主義とは一線を画する方針がとられた。まことに正論なのだが、それがこの条約の趣旨を一般の人々から見えにくくしていることは否めない。

世界遺産の人気は、その希少性と代表性にある。珍しいから、あるいはとびきり美しいから一度はそこを訪れたい、と誰もが思う。地元はそのすばらしさを競い合い、内外にアピールしようとする。それは資産群の格付けに直結する。いわば、ランキング化は宿命なのだ。したがって、とてもわかりやすい。もし、世界遺産に優劣がないとすれば、登録へのモチベーションは格段に下がるし、世間の関心も低いだろう。もちろんそれが世界遺産条約の本意ではないにしても。

対して、無形文化遺産はわかりにくい。しかも、世界遺産のようにいつもそこにあって見られるわけではないから観光資源になりにくく、人気もいまひとつ。ローカル性が強く、地味なものが多い。そもそもOUVはいらないのに、なんのために国際的なリストをつくるのか、といぶかる声があるのもわからなくはない。その画期的な理念は、なかなか理解されにくいのだ。

無形遺産にOUVが絶対条件ではないことを知る人は一般に少ない。むしろ世界遺産の無形版ととらえられがちだから、相変わらず登録の行方のみに注目が集まる。日本でも「和食」(二〇一三年登録)に続けとばかりに、書道や華道、茶道、俳句など、いわゆる文化財以外の分野でも追随の動きが出ている。結局、その一番重要なコンセプト、世界遺産との最大の違いが認知されることなく、逆に世界遺産と同一視されているがゆえに、無形文化遺産保護条約はなんとか世間の関心を保っているのが実態ではないのか。とすれば、なんともやるせないことである。

変質する条約理念

ともかくも、無形遺産とは変化するのが当たり前で、恒常的に固定した形で存在しないものを保護の対象とする、そんな概念の成立が人類遺産の多様性を拡張させるうえで画期的だったのは間違いない。

条約の誕生には、重要無形文化財や重要無形民俗文化財、あるいは重要無形文化財保持者(人間国宝)といった先進的な国内制度を持つ日本が大きく貢献したようだ。締結も三番目という迅速さだった。事業振興のための信託基金も設けたし、ユネスコ事務局長を務めた松浦晃一郎氏は日本人ゆえに無形遺産の重要性を十分に理解し、この制度の確立に力を注いだ。

とはいえ、石造りの建造物に代表される、かっちりとした有形遺産が身近な西洋社会からみれば、無形遺産はなんだかよくわからない、不可思議かつ曖昧模糊《あいまいもこ》とした印象を持たれることも多かったようだから、自然との融和や共生を重んじる、いかにも東洋的な概念だと言えなくもない。そのせいか、最初のうちはなかなか欧州勢の理解が得られなかったと聞くが、なんとか軌道に乗り、いまでは世界遺産条約と並び称される取り組みに成長した。

ところが、文化に優劣はないとする崇高な理想も崩れ始めている。ユネスコで無形遺産を担当する人員は世界遺産に比べて少なく、評価機関の審査能力や事務局の処理能力が限界を超えてしまったのだ。その結果、未審査のまま次回に繰り越す、いわゆる「積み残し」が発生し、関係国からは不満が噴き出した。おまけに特定の国々への偏重も目立つ。それに対応するため上限が設けられ、記載物件の少ない国が優先されるなどの選別が始まった。すなわち、当初の条約精神が物理的な事情でゆがめられ、不本意ながらも世界遺産と同じ道を歩み始めたわけである。

もちろんこの対応に賛否はあるが、処理能力の限界はいかんともしがたい。国内の案件を眺めると、登録済みの物件に類似分野のものをまとめて追加登録するなどしながら、なんとか乗り切っているのが現状のようだ。

トシドンの夜

無形遺産は、それを支える社会集団が衰退すれば簡単に消え去ってゆく、はかない運命にある。日本に紛争地帯のような心配はないけれど、伝統社会の変質と消失はむしろ他国より深刻に受け止められている。ライフスタイルの均一化が進み、地域社会という基本単位とその個性が急激に失われつつある昨今、それは先進国ゆえの悩みと言える。誰のせいでもない、ごく自然な社会現象だけに、かえって対応が難しい。

その懸念は列島各地で進行している。様々な地方出身者が流れ込む雑多な都市部では郷土への意識が薄れ、逆に離島や山間部などの過疎地では地域文化の担い手が激減中だ。無形文化遺産保護条約の登録物件を擁する地域も例外ではない。

鹿児島県の離島、甑島《こしきしま》列島を訪れたことがある。東シナ海に浮かぶ島々で、二〇〇九年に登録された「トシドン」という民俗行事の取材だった。

大みそかの夜、下甑島には恐ろしげな神々が天から降りてくる。どんなに天気が荒れていても、その来訪が始まるころには収まるのだ、と島の人々は言う。登録が成った記念すべき年の最後の夜も、大荒れの海とは対照的に、月明かりが雲間から漏れていた。

大みそかの夜に現れる甑島のトシドン(鹿児島県)

トシドンは子どもの健やかな成長を願う行事で、どこからともなく現れる神々が家々を巡る。雄叫《おたけ》びをあげてやって来る異形の怪物に、子どもたちは震え上がる。簑《みの》で体を覆い、顔は緑、白い目や口が真っ赤に隈取りされ、鼻は細く、長い。フガッ、フガッと鼻を鳴らすのもいる。家の縁側にはい上がってきた闖入者《ちんにゅうしゃ》に、呆然として固まる子もいれば、泣き出す子もいる。

「あいさつ、しっかりするかー」「片づけしとるかあ」などと子どもたちを責め立て、無理やり歌を歌わせる。最後は子どもたちを四つんばいにさせて、直径二〇センチはあろうかという大きなトシモチを、背中に乗せて戻す。トシモチは歳餅、トシドンからの〝お年玉〟である。

トシドンは、首のない馬に乗ってやってくるという。秋田のナマハゲ、あるいは沖縄・八重山地方のアカマタ・クロマタやマユンガナシ、宮古島のパーントゥといった南西諸島の仮面祭祀と共通点もあるようだが、その由来はよくわからない。いずれにせよ、折口信夫が「まれびと」論で唱えた、異界からやって来る来訪神のたぐいなのだろう。

ところが、トシドンもまたご多分に漏れず、行事の継続が危ぶまれている。過疎化や少子化で、訪問先である、子どものいる家庭が減少し、またトシドンの担い手も減っているのだ。観光や地域活性化の資源として期待する向きもあるが、年に一度のプライベートな神事だけに、無制限に公開することは難しい。

また、年の境目の来訪を迷惑がる若い家庭が増え、訪問を断られることもあるそうだ。大みそかの夜は、NHKの「紅白歌合戦」はもちろん、民放でも家族向けの特番が並ぶ。せっかくの一家団欒《だんらん》のひとときを余計な風習で煩《わずら》わされたくないらしい。残念だけれど、これもまたライフスタイルの変化や価値観の多様化というほかない。

地域社会崩壊の兆しは、ささやかな離島の神事にも容赦なく押し寄せている。

異形の神が来訪する島

「甑島のトシドン」(鹿児島県)に追加する形で、八県一〇件の仮面祭祀が二〇一八年秋、「来訪神：仮面・仮装の神々」としてユネスコに登録された。二〇一一年に提案された「男鹿《おが》のナマハゲ」(秋田県)が登録済みのトシドンに似ているとして「情報照会」になったため、改めて類似物件をグルーピング化して拡張をめざしたのだ。

同じ例は、「京都祇園祭の山鉾《やまほこ》行事」(京都府)「日立風流物」(茨城県、いずれも二〇〇九年登録)に「高山祭の屋台行事」(岐阜県)など三一件を追加して拡張した二〇一六年登録の「山・鉾・屋台行事」などがあり、世界遺産と同様、ここにも年々厳しくなる登録の傾向が読み取れる。また、もともと「来訪神」の提案は二〇一六年になされたが、この年の提案数が審査件数の上限である五〇件を上回ったために登録数の少ない国が優先され、登録数の多い日本が先送りになったことから、二〇一七年に再提案されたという経緯もあった。結果的にこの提案はよくととのえられたものとして高い評価を受け、今後の指針を示すことにもなりそうだ。

「来訪神」の登録を前に、そのひとつ、鹿児島県十島《としま》村の悪石島《あくせきじま》に伝わる旧盆行事「ボゼ」をひと目見ようと、二〇一八年の夏、私は島を訪れた。

悪石島は南北に長く点在するトカラ列島を構成する有人島だ。鹿児島港から週二〜三便のフエリーで片道一〇時間以上もかかる。夜、鹿児島港を出港して朝方、ようやく島影が見えてくる。断崖絶壁に囲まれた、その名の通り荒々しい、絶海の孤島である。

八〇人ほどの島民は、みなやさしかった。集落はかなり登ったところにあって、家々は肩を寄せ合っている。これといって観光資源のない島で、旧暦のお盆に一週間にわたって繰り広げられる伝統行事は、島の一大イベントなのだ。

最終日の夕暮れ時。夏の終わりを告げる蟬の声が集落を包むなか、テラと呼ばれる広場や公民館の庭で催される盆踊りの調べは、しみじみともの悲しい。異形の神が突然現れるのは、そんな〝逢魔が時〟である。

三体のボゼがなんの脈絡もなく、公民館周辺に集まった群衆をめがけて乱入してくる。らんらんと光る真っ赤な目。カッと開いた大きな口。鼻は不自然に細く長く、頭上に飛び出した飾りは眉だろうか、まぶただろうか。ストライプが縦に入った奇妙な上半身とビロウの緑葉をまとった下半身はこの世のものではなく、はるか海の彼方、南方世界のにおいをぷんぷんと漂わせる。

旧盆に現れる悪石島の異形神ボゼ(鹿児島県)

ボゼマラと呼ばれる杖を持って激しく島民を追い

回し、あたりは逃げ惑う人々で騒然となる。杖の先についた赤土を塗られると邪が祓われ、女性は子宝に恵まれるそうだ。その間一〇分ほどだったろうか。ボゼは再び異界へと続く森に消えていった。

それにしても、なんとも不思議な神である。島民でつくる「悪石島の盆踊り保存会」に来歴を尋ねてみたが、よくわからないという。

やはり「まれびと」の一形態には違いないようだけれど、なぜここまで奇怪な姿をしているのかはっきりしない。隔絶された島という閉鎖環境を考えれば、構造主義を代表する文化人類学者C・レヴィ＝ストロースのいう、いわゆるブリコラージュの作用と言えないこともない。少なくとも、いにしえの土着的な基層文化のうえに、盆踊りにみられる新来の仏教文化が折り重なって成立していると考えてもよさそうだ。

ユネスコへの登録を機に、この秘祭は今後、世界の注目を集めることになるだろう。しかしここでも、過疎化にともなう後継者不足、生活様式の画一化などで、行事の存続に黄色信号がともりつつある。体力を擁するボゼのかぶり手を若者がいつまで引き受けてくれるか、心配は尽きない。それでも島民は「先祖代々伝えられてきた宿命的な祭りなので続けていく。子どもたちに伝承したいしね」と言う。

観光資源として期待する声もある。が、交通機関は限られ、滞在するにもわずかな民宿しかない小島だけに、とても大勢の観光客に対応できる環境ではない。

逆に、観光客の増加でトラブルが発生する例もみられる。同じ「来訪神」の一角を占める「宮古島のパーントゥ」(沖縄県)は、泥だらけのつる草を身にまとった仮面の神々があたりかまわず泥を塗りたくり、見物人を追い回すという、これまた南島ならではの開放的な奇祭なのだが、一部の見物人から服を汚されたとクレームが出て、なかにはパーントゥに暴行を加える者さえ現れた。「泥を塗る行事を見に来て、塗られて文句を言うのも不思議に思うのだが」と、祭りを催す島尻地区の自治会長は漏らす。物見遊山で訪れる無理解な来訪者たちが、地元住民を困惑させているのだ。

もっぱら観光や地域活性化ばかりに結びつけられがちなユネスコ文化遺産の風潮が、ここでもほころびを見せている。

沖縄県宮古島の奇祭パーントゥで地元は盛り上がる

無形文化遺産的世界遺産

ここで世界遺産のなかの無形的要素をのぞいてみよう。

二〇一八年登録の「長崎と天草地方の潜伏キリシタン関連遺産」は、無形要素なしには成り立たない、むしろその評価こそがOUVの根幹となる、いわば有形・無形のハイブリッドな事例だった。長崎県と熊本県天草地方に点在する一二資産で構成し、禁教下におけるキリシタンの大規模蜂起、島原・天草一揆の勃発《ぼっぱつ》（一六三七年）から長い潜伏時代をへて、外国人居留区に建てられた大浦天主堂（長崎市）でプティジャン神父に浦上の信徒が信仰を告白する「信徒発見」（一八六五年）までの、二〇〇年以上に及ぶ劇的な信仰復活の物語である。

この資産群の従来と異なる点は、その多くが国の重要文化的景観に選定された集落や集落跡であること。国史跡の原城跡（南島原市）や国宝・史跡の大浦天主堂をのぞけば、春日集落や中江ノ島（平戸市）、旧野首《のくび》教会がある野崎島の集落跡（小値賀《おぢか》町）、頭ケ島《かしらがしま》天主堂がある頭ケ島の集落（新上五島町）、黒島天主堂がある黒島の集落（佐世保市）、重要文化財の旧五輪教会堂がある久《ひさ》賀島《かじま》（五島市）、外海《そとめ》の大野集落や出津《しつ》集落（長崎市）、そして熊本県側の﨑津《さきつ》集落（天草市）など、いずれも重要文化的景観である。

五月四日深夜、イコモスの登録勧告がほぼ〝満額〟で提示され、続いて中東の島国バーレーンで六月から七月にかけて開かれた第四二回世界遺産委員会において無事、正式に登録された。審議会場となった首都マナマのリッツ・カールトンホテルでは、文化庁や外務省の政府関係者とともに長崎県知事をはじめとした関係自治体の首長らが審議の様子を見守り、登録を告げる議長の木槌の音が鳴り響くと、会場は喜びにわいた。

曲折を重ねた「潜伏キリシタン関連遺産」

道のりは長かった。イコモスの登録勧告を得るまでに重ねた曲折は、近年の世界遺産自体の迷走と軌を一にするかのようだった。

二〇〇七年、「長崎の教会群とキリスト教関連遺産」として暫定リストに記載。歴史的にキリシタン文化とつながりの深い長崎という土地柄だけに、県下に点在する教会群を中核にした構成内容だった。

政府推薦枠の獲得競争では「富岡製糸場」(群馬県)に先を越されはしたが、着実に推薦書のブラッシュアップを重ねる。ところが、満を持して迎えた二〇一三年の国内選考では、自らも複数の構成資産で参加する同じ九州勢の「明治日本の産業革命遺産」が立ちふさがり、官房長官の裁定に涙をのんだ。長崎県が当初目標に掲げた「信徒発見一五〇年」に間に合わせることはできなかった。

ようやく推薦枠を獲得し、審議本番に臨もうとした二〇一六年は、イコモスから潜伏期の信仰に絞ったコンセプトに変更するべきだとの厳しい指摘を勧告前に受けていったん推薦書を取り下げ、リセットを余儀なくされる。前述したイコモスと推薦国との「対話」の、国内最初の例である。長崎県はイコモス側からアドバイザリー・ミッションを受け入れ、推薦書を練り直すことになった。

二〇〇年以上もの弾圧に耐えて復活したあつい信仰。なるほど、魅惑的なストーリーだ。しかし、世界遺産の対象は不動産、つまり建造物や遺跡などである。潜伏期だから、本格的な禁教に突入するきっかけとなった島原・天草一揆の舞台、原城跡や、「信仰復活」を告げた大浦天主堂などをのぞけば、めぼしい建物などないに等しい。あるのは、抑圧されながら細々と暮らしを営んだ名もない庶民の、なんの変哲もない集落、どこにでもある田舎の風景だけだ。潜伏キリシタンたちの暮らしを支えた春日集落の棚田といっても、特段目を見張るものはない素朴な景観だし、信徒の崇拝対象となった中江ノ島や安満岳《やすまんだけ》も、そこにまつわる歴史を知らなければ、ただの島や山である。禁教が解かれたのちに信者らが資金を出し合って造った教会群も点在するが、それらとて日常の風景の一要素にすぎず、欧州の大伽藍とは比べものにならない。その歴史背景を知ることなしには、これらが世界遺産とは、ほとんどの人が気づかないに違いない。

具体的な物証が乏しいなか、どのようにOUVを訴え、潜伏期の全体像を照らし出せばいいのか、関係者は知恵を絞った。そして、構成資産を「集落」という面でとらえ、そこに解禁後の信徒が苦労して建てた質素な教会群を組み込んで、この素朴な風景にこそひそやかな信仰の名残が宿るとアピールしたのだ。結果、文化財保護法の重要文化的景観というカテゴリーを中核とする国内初の推薦例となった。

そうそうたる人類の傑作が並ぶ既存の世界遺産と比べれば、その平凡さを意外に感じる人は多いだろう。だが、美しくもきらびやかでもない庶民の遺産もまた世界の宝になり得ることを、「潜伏キリシタン関連遺産」は示した。もちろん、イコモスの支援を受けて推薦書を練り上げた経緯も無関係ではなかっただろうけれど、大局的に眺めれば登録実現をあと押ししたのは、登録物件の増加にともなう推薦候補の多様化と評価の焦点の複雑化、それを受け入れざるを得ない国際社会の柔軟化という、近年の世界遺産を取り巻く環境だったのではないだろうか。

ただ、これらをどう後世につなぐか、課題は山積する。集落群は人と自然と風土が作り上げた、いわば「生きた文化財」だから、その姿は時代とともに移ろいやすい。そしてここでも、資産群を支えてきた地域社会が過疎化や高齢化で消滅しかかっている。

もうひとつのストーリー

世界宗教の伝来・波及から弾圧・潜伏、そして復活という「潜伏キリシタン関連遺産」のストーリーは、確かに強烈な印象を与える。それだけに、ともすればドラマチックな面にのみ焦点が当てられ、前後の文脈や本来の歴史的意義が単純化・矮小化される危険がある。

たとえば、推薦書見直しの際に、当初入っていた日野江城（長崎県南島原市）は除外された。

信徒の潜伏とは無関係と判断されたからだ。だが、この城はキリシタン大名、有馬晴信の居城で、城内の階段は破壊された仏塔を転用している。つまりキリスト教が持つ一神教特有の排他性を示唆する物証であり、このかたくなさへの反感がやがては厳しい弾圧につながっていく、いわば禁教本格化への伏線を見て取れる貴重な遺構なのだ。

ところが、筋書きをわかりやすく単純化し、構成資産も限定してしまったため、キリシタンがなぜ潜伏せざるを得ない状況に陥ったかを説明するはずの要素が欠落することになった。殉教者や被害者としての悲劇的な面ばかりが強調されて、そこへ至る前段階のコンテクストが抜け落ちてしまったのである。

同時に、劇的な演出と物語の完結性を高めるため、最初から切り捨てられた感があるのが、現代の「かくれキリシタン」社会であった。

かくれキリシタンは潜伏期以来の伝統をいまに受け継ぎ、西九州を中心にその数四〇〇〇人ともいう。一般に、江戸時代の禁教下でひそかに信仰を守り抜いた人々を「潜伏キリシタン」、明治になって禁教が解かれたあとも、潜伏期以来の儀礼や行事を守り続けてきた人々を「かくれキリシタン」と、便宜的に呼び分けている(研究者によって「かくれ」や「カクレ」、「隠れ」と表記は違うが、ここでは「かくれキリシタン」に統一する)。彼らは長崎県の生月島や平戸島、外海地区、五島列島などで命脈を保ってきたが、やはり過疎化の波や生活スタイルの変化にさらされている。

かくれキリシタンの慣習や伝統行事には潜伏期の記憶が息づく。たとえば、彼らが念じるオラショという祈り。ほとんど発音せずに胸の内で念じるだけの場合や、声に出したり節を付けて歌のように唱えたりするケースもあって、地域ごとに異なる。いずれもラテン語や日本語が入り交じってすっかり呪文化しているのは大差ないが、生月島山田集落の宴会で歌われるオラショのように、かつて南欧イベリア半島の一地方だけで歌われ、いまは失われたローカルな聖歌の断片を残すものもある（皆川達夫二〇一七『キリシタン音楽入門　洋楽渡来考への手引き』）。四〇〇年前のヨーロッパの聖歌が、悠久の時をへて日本列島西端の、それもちっぽけな島でタイムカプセルさながらに生きながらえてきたとは驚きだ。

潜伏キリシタンの物語は「信徒発見」で終わったわけではない。かくれキリシタンの文化は、輝かしい「復活」後もひそかに、しかし確実に命脈をつないできた、もうひとつのドラマなのである。

切り捨てられた信仰

かくれキリシタンのオラショや伝統儀礼のなかに、かつての要素がどの程度反映されているか。その見方は研究者によって違う。が、いずれにせよ、歴史財産を後世に伝えるという世界遺産の趣旨に鑑みれば、彼らの文化はきわめて重要なピースであり、その社会に光を当てるのはごく当然なことだろう。

にもかかわらず、推薦書は「かくれ」に、ほとんど触れていない。不動産としての世界遺産の性格になじみにくいし、その伝統的な習俗や信仰形態はまさに無形要素だから構成資産の対象とはなり得ない。なにより、潜伏から復活へという文脈上、現代の「かくれ」社会に触れることはその狙いや流れをあいまいにしてしまうおそれがある。要するに、彼らは「復活しなかった人々」なのであり、むしろストーリーの阻害要因になってしまうのだ。

その結果、たとえば天草地方の﨑津と今富の両集落では、ともにひとつの重要文化的景観を構成しながら、「かくれ」の面影をひきずる今富は推薦から外れ、教会建設とともにカトリック復帰が進んだ﨑津だけが登録されることになった。世界遺産登録を目的に作り上げられた筋書きが、両者を分断することになってしまったのである。受けのよいストーリーやわかりやすさばかりに気をとられて、大切なものを失ってしまった気がするのは、私だけだろうか。世界遺産というきらびやかなイメージが、それ以外の地味な、しかし不可欠なコンテンツをかき消してしまうことになれば、この制度はむしろデメリットでしかない。

時代の流れとともに「かくれ」社会が消滅していくのはやむを得ない。信仰とは人の心に根ざすものであるから、メジャーな伝統芸能を扱うのとはわけが違う。だが、過去の顕彰や礼賛ばかりに光を当て、潜伏期の記憶を最も引き継ぐ「かくれ」社会の動向を無視することは、かろうじて命をつないできた歴史の残滓を見失うことになってしまいはしないか。

世界遺産と他の施策が重なりあい、連携の必要性が叫ばれているいま、「かくれ」社会はそれを具現化する素材となり得る。「潜伏キリシタン関連遺産」のOUVをさらに高めるパーツとしても、有形と無形を横断した包括的な施策がとられるべきだろう。

そう考えた私は世界遺産登録を前に、潜伏時代の残照をかくれキリシタン社会に求める連載を、西部本社紙面で企画した。その概略を紹介しよう。なお、内容は二〇一八年春の時点であることをご留意いただきたい。

「かくれキリシタン」の里

長崎県平戸市の生月島は「かくれキリシタン」の里である。本土西端に位置する小さな島で、今でこそ橋で本土とつながるが、かつては農耕地も乏しい辺境の島だった。禁教下に潜伏したキリシタンはここで身を寄せ合って祈りをつないできた。

二〇一七年一二月の早朝、クリスマスにあたる「御誕生」の行事を見た。一見、物置のような小さなお堂に、二〇人ほどの男女が集まってきた。男性は狭いお堂の中に上がり、女性は外で待つ。正面に掲げられた掛け軸には、雲の上に立つ聖母子が描かれている。

オヤジ様と呼ばれるまとめ役の合図で、みなが口々にオラショを唱え始めた。特に節があるわけではなく、声を張り上げるわけでもない。時折手を合わせたり十字を切ったりする以外は、それぞれ文句を静かに唱えるだけだ。時間にして三〇分ほどだっただろうか。拍子抜けするほど質素な行事だった。

かくれキリシタンの「御誕生」行事（長崎県・生月島）

お堂が建てられたのは、組と呼ばれる信徒組織が解散したからだ。それまで「御誕生」もオヤジ様の家で催されていたが、後継者がいなくなり、個人宅でできなくなった。存続か解散か、みなで何度も話し合ったという。

祈りが済むと、隣接するお不動さまの建物に場を移して宴が始まった。酒や刺し身が振る舞われ、談笑が静かに場を満たした。仏教の守護神、不動明王をまつるお堂でのかくれキリシタンの宴席とは、なんとも不思議な気もするが、信徒には、ごく自然なことなのだろう。というのは、潜伏キリシタンは隅々まで張り巡らされた近世の支配組織の末端に連なる檀家制度にも身を置いたし、神社の氏子でもあった。そうしなければ生き残れなかった。いくつもの信仰は自然に結びつき、併存し、独自の生活様式をかたちづくった。仏堂内での宴席は、それを映し出しているように思えた。

だが、一歩、生月島を離れれば、多くの地域で組織や行事が失われて久しい。たとえば平戸島西部の根獅子《ねしこ》地区。地元の組織が解散して四半世紀がたち、もはや後継者はいない。かくれキリシタンの集落ではそんな状況が一般的で、かろうじて組織が残っていても複数の役職を一人が兼任している状態だ。四〇〇年も続いてきた強靭《きょうじん》な組織ながら、消滅の日は目前に迫っている。

かといって、信仰は伝統芸能などと違って心の問題だけに、法的な保存措置をとることは難しい。残念ながら私たちには、自然の成り行きを見守ることしかできないのである。

「だんじく様」

二〇一八年一月一六日。早朝の空気は冷たく、打ち寄せる波の音も寒々しい。この日、生月島の切り立った崖下の海岸で、「だんじく様」と呼ばれる行事が執り行われた。「だんじく」とは竹の一種のことらしい。

ともすれば滑落しそうな心細い階段を下り、ようやく海辺にたどり着く。竹や草木に覆われ、岸壁から張り出したわずかな空間に、小さな石の祠《ほこら》があった。

午前八時過ぎ、ロウソクに火がともった。クジラの皮入りのなますやご飯が供えられて、オラショの詠唱が始まった。山田集落の、だんじく講の信徒と漁業者の奥さんたち一〇人ほどが一心に拝む。その昔、ここで殉教した親子三人を慰める祈りである。ただ、豊漁祈願なども込められているようだ。

殉教者の霊を慰める生月島の「だんじく様」

言い伝えによれば、岸下に身を寄せていた潜伏キリシタンの家族がいた。子どもは遊び盛り。海岸へ出たところを船に乗った役人に見つかり、親子とども殺された。講の信徒は代々、この哀れな三人の霊を弔《とむら》ってきた。

祈りは三〇分余りで終わった。

八〇歳になった、と言う老婦人は年に四回、祠の周りやそこに通じる道を掃除してきた。「三人がここで斬り殺された。ほっとけないからねえ」。でも、だんだん体は動かなくなる。いつまでもできるわけではない。「そのときはそのとき」と漏らした。

山田集落には、「だんじく様」に関係するらしい宴席での歌が伝わっており、こんな一節がある。

んー　柴田山　柴田山なあ
今はな　涙の先なるやなあ
先はな　助かる道であるぞやなあ

あの世へ救いを求めた親子の願いだろうか。胸締め付けられる哀歌である。

殉教者の記憶

かくれキリシタンの社会が息づく地域には殉教にまつわる伝承地が多い。

生月島には、この地の信徒を指導した西玄可《にしげんか》の殉教地「ガスパル様」や、「茶屋のジサンバサン」「幸四郎様」「アントー様」といった伝承地が点在する。お隣、平戸島の根獅子地区には、入り婿に裏切られて告発された一家六人の「おろくにん様」が葬られたという「ウシワキの森」があり、近くの浜には彼らが天へ召されたとされる「昇天石」がある。「おろくにん様」の祠ではいまも地元の人々が掃除を欠かさない。旧暦八月の命日には煮しめやおにぎりをお供えし、初詣のあとはそれぞれ手を合わせて帰るそうだ。

平戸島の北西部に位置する春日集落を訪ねた。一六世紀半ば、領主籠手田《こてだ》氏のもと一斉に改宗した地で、猫の額ほどの狭隘《きょうあい》な土地に棚田がびっしりと張り付く。約二〇戸の集落の一日は、棚田から仰ぎ見る聖地、安満岳を拝むことから始まるという。

そして、ここにも悲話が伝わる。春日の信者三人が海辺の洞窟に隠れていたが、そこから上がった煙で見つかってしまったという。風光明媚な棚田の眺望にも、目をこらせば重層する信仰の歴史がしみこんでいるのだ。

平戸の市街地から生月島へ向かう道中、突然視界が開け、真っ青な海が広がった。目に飛び込んでくるのが中江ノ島である。この小島もかくれキリシタンの聖地。断崖の割れ目からにじむ聖水は決して腐らず、奇跡を起こすという。

ここで多くの信徒が処刑された。以来、この島は崇拝の対象となり、「サンジュワン様」と呼ばれてきた。

賛美歌を歌いながら島の処刑場に赴く者もいたと伝わる。ヨハネ次郎右衛門という信者は、島へ向かう船で「ここから天国は、もう、そう遠くない」とつぶやき、天を仰いだそうだ。彼らにとって人生終末の地は、天国に最も近い島でもあった。

参ろうや　参ろうや
パライソの寺に参ろうや

かつて遠藤周作は小説『沈黙』を書いた。ポルトガル人宣教師ロドリゴの目を通して過酷な弾圧時代を描き、信仰とは何かを問いかけた。

トモギの浜ではりつけにされたモキチは、息も絶え絶えに「参ろうや」と口ずさむ。遠藤はこの歌を、刑場にひかれていく多くの信徒が口ずさんだ歌だと、ロドリゴに語らせている。

3　悩める「世界の記憶」

動産のためのプログラム

「世界の記憶(Memory of the World)」とは、歴史的な文書や絵画、写真などを適切に保存して後世に伝えるとともに、デジタル化などを通じて広く普及させることを目的にユネスコが設けた、動産対象の保護制度である。かつては「記憶遺産」などと呼ばれていた。

一九九二年に始まり、二年に一度開催される国際諮問委員会(IAC)で審査され、ユネスコ事務局長が承認する。「アンネの日記」やマグナ・カルタ(大憲章)、グーテンベルク聖書、人権宣言、ベートーヴェンの第九の自筆譜などが有名だ。一方で、パレスチナ難民や韓国の光州事件をめぐる資料、旧植民地の奴隷登録簿など、名もなき人々が過酷な歴史を生きてきた記録もあり、多種多様で幅広い。

世界遺産条約、無形文化遺産保護条約と併せ、よくユネスコの三大遺産事業などと言われる。が、他の二つが国際条約なのに対して、「世界の記憶」はユネスコの一プログラムにすぎず、決定的に重みが違う。だから、三つを並立して呼ぶことに躊躇《ちゅうちょ》も覚えるけれど、人類遺産の価値に形態ごとの差があろうはずはない。システムや理念はともかく、不動産、無形遺産、そして動産を三本柱のセットにしてとらえても差し支えはないだろう。

加えて他の二つと異なる点は、各国政府が主体となる条約ではないので、国のみならず地方自治体やNPOなどの民間団体、極端に言えば個人でも申請が可能なことだ。そんな手頃さもあってか、日本各地で立候補が相次ぐ。そうはいっても、ユネスコ側も無制限に申請を受け付けられるはずはない。現在、申請は一国から二件に限られており、日本では事実上、国を通して全国の推薦候補が絞り込まれている。ただし、複数の国による共同申請はその枠内に含まれない。これについては後述しよう。

二〇一九年夏現在、国内からは「山本作兵衛炭坑記録画・記録文書」「御堂関白記」「慶長遣欧使節関係資料」「舞鶴への生還―1945〜1956シベリア抑留等日本人の本国への引き揚げの記録―」「東寺百合文書」「上野三碑」、そして韓国との共同申請で、江戸時代の外交使節「朝鮮通信使」の関連資料が登録されている。

山本作兵衛こぼれ話

二〇一一年、国内における嚆矢《こうし》となった「山本作兵衛炭坑記録画・記録文書」は、福岡県田川市などが申請した「世界の記憶」の国内第一号だ。五木寛之の大河小説『青春の門』の舞台にもなった筑豊炭田は、かつて官営八幡製鉄所に石炭を供給した日本有数の炭鉱地帯で、独特の炭鉱文化が花開いた土地柄である。

過酷な作業の様子を描いた山本作兵衛の絵（田川市石炭・歴史博物館所蔵 ©Yamamoto Family）

山本作兵衛（一八九二―一九八四）は現在の福岡県飯塚市の生まれ。七歳ごろから父について炭坑に入り、主に筑豊の中小炭坑で働いた。六三歳で炭坑の警備員になり、このころから自ら体験した作業風景や生活、風俗を墨絵や水彩でスケッチブックなどに描き始めた。ときは炭鉱閉山が相次ぐ一九五〇年代後半。酒の一升瓶を脇に置き、九二歳で亡くなるまで黙々と描き続けたという。近代日本を支えた石炭産業の現場を労働者の視点から赤裸々にえぐり出し、その数は二〇〇〇点近いとも。まさに、名もない庶民の記録である。

二〇一〇年、田川市は作兵衛資料の独自申請に踏み切った。市が所有・保管する絵画五八五点、日記六点、雑記帳や原稿など三六点と、山本家の所有で福岡県立大学が保管する絵画四点、日記五九点、原稿など七点の、計六九七点だ。それらはとりたてて美しくも芸術的でもない。こんなものが本当に世界に通用するのかと懐疑的な見方も多かった。それだけに国内第一号として登録されたことは驚きをもって迎えられた。しかも、その後の候補の多くが政府がらみなのに対し、地方自治体の申請だったことが、その特異性をいっそう浮き立たせた。

実は田川市はもともと、地元の旧三井田川鉱業所伊田竪坑櫓や煙突を「九州・山口の近代化産業遺産群」(のちの「明治日本の産業革命遺産」)に参加させ、世界遺産の登録をめざしていた。ところが、それらが構成資産からこぼれ落ちた。作兵衛の記録画に目を留めた世界遺産関係者の勧めもあって代替的に「世界の記憶」の話が浮上したもので、必ずしも最初から積極的に狙ったわけではなかった。いわば、世界遺産の夢破れて、といった経緯からか、はじめのうちは高いテンションを地元に感じとることはできなかった。

無理もない。当時、「世界の記憶」を知る人はほとんどいなかった。専門家が使う名称も「ユネスコ記憶遺産」とか「世界記憶遺産」「記録遺産」などとばらばら。当初は「記憶遺産」の表記が一般的で、「世界の記憶」という直訳にほぼ統一されたのは、かなり後のことだ。マスコミでこの話題にお目にかかることも、ほとんどなかった。

だが、一人の元炭坑労働者の記録群がユネスコのプログラムに選ばれたことは、身近な文化財も世界の歴史を語り得る宝であることを証明した。文部科学省も国宝などからの申請を検討していたようだが、「国宝の順位付けにつながる」との慎重論もあったらしく、結果的に地方の小さな自治体が一歩先んじることになったのだ。この画期的な取り組みは、石炭産業が廃《すた》れて疲弊した地域に、再び誇りと活力を与える起爆剤になった。

手探りで取材をスタート

私たち報道陣にとっては、まさに降ってわいたような「世界の記憶」。いったいそれはどんなもので、どうやって決まるのか。その存在を知ってはいたものの、現実に日本で申請の動きが出るとは、正直、予想していなかった。そもそも、山本作兵衛とは何者かさえ知らなかった。「明治日本の産業革命遺産」の、いわばスピンオフのような形で生まれただけに、まずはその筋で付き合いのある知り合いから情報を集め、対策を練った。どうやら、もうすぐ英マンチエスターで会議があって、そこで決まるらしい。地元を担当する筑豊支局と連携して情報収集に努めたが、当の田川市さえよくわからないと言い、まったく当てにならない。手探りのなか、審査の日程をなんとか割り出した。

あとは、登録の事実をいかに早くキャッチするか。これが勝負の分かれ目となる。イギリスと日本は八時間、ユネスコ本部のあるパリとは七時間（いずれもサマータイム実施期間）の時差がある。これは、世界遺産のイコモス勧告でも苦労するところなのだが、欧州でのビジネスタイムは日本の夜だから、新聞社では朝刊づくりの最中だ。当時、全国紙（西部本社）には一〇版から一四版まであって、締め切り時間の違いで段階的に版が分かれていた。遠い地域に運ぶ一〇版の締め切りは早いし、都市部の一四版は深夜だから最新のニュースを入れることができる。つまり、いつ登録が判明するかで、このニュースが載る版と載らない版が発生するのだ。最悪、一四版に間に合わなければ夕刊まわしになり、夕刊がない地方は翌日の朝刊となってまる一日遅れてしまうから、なんとも悩ましい。

長い夜

報道倫理上、ここで詳しい取材過程を述べるのは避けるが、「世界の記憶」をめぐるユネスコの選考や公開の仕方もずいぶん変わったので、あの日の様子を振り返ってみることにしよう。九州の事案ということもあって、取材の中心になったのは、私が籍を置いていた西部本社文化部。といっても、デスクと記者を合わせて数人という小さな所帯である。来るべき登録の瞬間に備えてそれぞれ役割を決め、筑豊支局とも密に連絡を取り合う態勢を整えた。

とはいえ、どんな形で第一報が入って来るか見当もつかない。政府がかんでいるわけではないから、東京本社も頼りにならない。とりあえず支局からの連絡を待ちながら、自分が知る限りの関係者に当たってみる。記者の一人にはユネスコのホームページを常時チェックしてもらった。当時の「世界の記憶」のサイトは現在とだいぶ違っていて、山本作兵衛を含めてずらりと審査候補が縦に並び、その横にそれぞれ写真のスペースがあったと記憶している。最初のうちはここに写真はなく、文章の説明だけだったように思う。

ところが、画面を眺めていた記者が、あることに気づいた。時間がたつにつれて、リストの横に写真がひとつずつアップされ始めたのだ。それが上から順番だったか、それともランダムだったか、よく覚えていないけれど、とにかくホームページ上で変化が起きている。「写真のアップが登録を意味するのではないか」。私たちは、そう予測を立て、作兵衛の成り行きを凝視した。

日付が変わる刻限も近い。刻一刻と降版時間は迫る。かつて整理部と呼ばれた組み付け担当の編集センターは紙面を開けて待っていて、まだかまだかと矢のような催促。ヒリヒリとした空気に包まれる。

そして、ついに作兵衛の写真がアップされた。当時たまたまユネスコに勤めていた私の知人やパリ支局にすぐさま裏をとってもらうようお願いし、どうやら登録されたらしいとの回答を得た。予定稿を解除。他社に先駆けてデジタルニュースで速報を打ち、最終版の紙面でも十分な扱いをすることができた。

結果オーライとはいえ、はたしてこの手法でよかったのかどうか、いまでもわからない。なにしろ初めての経験だ。オーソライズされた公式発表もない。一面、社会面大展開の西部本社版はもちろん、東京や大阪、名古屋版も大きく扱っただけに、もし間違っていたら全国的な大誤報である。私たちはギリギリの判断を強いられ、かなり危険な綱渡りをせざるを得なかった。いま思い出しても背筋が凍るが、それでも自分たちだけで一から取材方法を切り開いた、新聞記者冥利に尽きる貴重な経験だったと思う。

市井の記憶を掘り起こす

申請した当の田川市も、未明まで確認作業に追われた。なにしろ、国内に前例がなく、国や県の支援もほとんど期待できないなかでの挑戦だ。ノウハウは乏しく、手続きなども外部の専門家に頼らざるを得なかった。だが、それでも関係者に、国まかせでは申請すらできなかった、との思いは強い。国が主導し始めれば、国宝級の文化財が優先されることは目に見えていた。だから、「最初で最後のタイミング」(市関係者)だったのだ。

とはいえ、一地方自治体だけで保存処理から管理・公開まで、すべてをまかなえるわけがない。作兵衛の絵は水彩画なので劣化しやすく、長く人目にさらすのは難しい。使われた紙も汎用の酸性紙で、どの程度の寿命があって、いつ劣化を始めるのかさえわからないなど、保存処理上の問題も大きかった。そこで修復科学部門を持つ九州国立博物館に協力を仰ぎ、適切な保存管理体制づくりにも努めた。

作兵衛コレクションを、「明治日本の産業革命遺産」をはじめとする産業遺跡群と組み合わせれば、日本の近代化やそれを支えた炭鉱文化を、より立体的に説明できる。それは世界遺産と「世界の記憶」が互いに補完関係にあることを意味する。地方と中央、学界などの担い手、そして異なる保護システムの連携は、多様化する文化財保護の現場で、ひとつのモデルケースを提供することにもなる。

なにより、作兵衛コレクション登録の意義は、文化の創造はエリート層だけの専売特許ではないという事実を世の中に知らしめたことではないだろうか。支配層や富裕層が余技で手がけた芸術作品ばかりではない、国家がすくい取れない、あるいはあえて切り捨ててきた炭鉱文化のような、名も知れぬ庶民が残した市井の歴史も立派な価値を持つということを、作兵衛コレクションは「世界の記憶」を通して訴えたのだ。

時の経過とともに忘れ去られ消えていく、無数の庶民文化が存在する。私たちはそれらとどう向き合うべきか、作兵衛は教えてくれたように思う。見過ごされていた身近な文化財にも世界に誇る歴史的価値が秘められていること、それはすべての地域社会に敷衍できるはずだ。

ユネスコの看板を得て国宝級になったと喜ぶ声も聞いたが、むしろ逆だろう。見向きもされなかった人々の記憶に光を当てる、それこそが代表性や希少性を求められる世界遺産と異なる点なのであり、ユネスコの一事業にすぎない「世界の記憶」の存在意義ではないか。だが、それはほどなくして変質を始めることになる。

戦争の美化か、平和への誓いか

鹿児島県南九州市。かつての知覧町には、太平洋戦争末期、若者たちが死出の旅に飛び立った基地がある。一〇〇〇人を超える特攻作戦の犠牲者のうち、半数近くが知覧の飛行場から出撃したともいう。

そんな彼らの遺書や手紙を「知覧からの手紙　知覧特攻遺書」として「世界の記憶」にしようと、南九州市が名乗りを上げて動き始めたのは二〇一二年のことだ。当時の新聞をめくると、地元には世界への発信と同時に、登録の実現が特攻隊員の供養になる、との思いもあったことがうかがえる。

知覧特攻平和会館が収蔵する資料は一万点以上にのぼる。南九州市はこのうち、生還することのない出撃を待つという異常な状況のなかで特攻隊員たちの心情を映したものを軸に三三三点を選んだ。親や恋人、幼いわが子に宛てた手紙や遺書などで、その意味するところは戦争の恐ろしさを後世に伝えるためだ、とした。ところがこれに対し、中国や韓国から「特攻を美化している」「軍国主義の復活ではないか」などと批判が続出。韓国のテレビ局も取材にきた。思わぬ展開に、地元は戸惑った。

二〇一四年、「知覧」は翌一五年の登録に向けた国内選考から漏れた。日本ユネスコ国内委員会は「日本からの視点のみが説明されている」と指摘し、「より多様な視点から世界的な重要性を説明する」ことを求めた。おそらく、それが韓国や中国の反発とも無関係ではなかったのは容易に想像がつく。このとき同じ戦争関連ながら選ばれた、シベリア抑留者らの引き揚げ記録「舞鶴への生還」(京都府舞鶴市申請)が「ロシア・ナホトカ市の理解と協力があるなど、より広い視点から世界的な重要性が説明されている」とされたのと対照的だった。

ちなみに二〇一五年の登録に向けて、中国もまた南京大虐殺と従軍慰安婦に関する資料を用意していた。

二〇一七年の登録をめざして再挑戦を表明した南九州市は、女子学生が特攻隊員へ贈ったマスコット人形や日記など新たな九四点を加えるとともに、申請名も「知覧に残された戦争の記憶―1945年沖縄戦に関する特攻関係資料群―」と改めた。だが、ここでも候補から外れ、推薦への条件を埋めることができなかった。そして、落選の原因がわからないとして、次回に向けた申請の見送りを発表した。

関係者の苦労はよくわかる。なのに、報われないのはなぜなのか。忸怩《じくじ》たる思いが地元にはあるだろう。確かに、負の側面を持つ戦争関連物件の取り扱いは難しい。「二度と戦争を起こさないため」「平和のため」といった耳あたりのよいフレーズを設定するのは簡単だが、お題目だけでなく、それにどう内容をともなわせていくか、が問われることになる。さもなければ、登録のためだけのうたい文句ではないかと、無用の誤解を招きかねない。加えて、単なる美談や感傷に左右されない、世界的視野に立った相対的な位置づけも求められる。二〇一七年、岐阜県八百津《やおつ》町が推した杉原千畝《ちうね》の「命のビザ」が登録とならなかったのも、そんな視点が欠けていたからかもしれない。

非難の応酬の具に

「知覧」に対する隣国の反応を見て、思う。「世界の記憶」もまた国家のエゴイズムに絡め取られてしまうのか、と。予想はしていたものの、一部の国々は、これが政治的に利用できることに気づき始めた。政治介入がここでも始まったのだ。

案の定、「知覧」に続き、「世界の記憶」をめぐる外交摩擦が相次いだ。二〇一五年、中国申請の「南京大虐殺の記録」が登録される。日本政府は猛反発し、ユネスコの分担金支払いを一時停止して、ユネスコ加盟国に審査制度の変更を働きかけた。

南京での犠牲者数をめぐっては中国と日本との間で大きな開きがある。歴史認識が割れる難題でありながら、この登録は一方の言い分に国連機関がお墨付きを与えたに等しく、平和主義を掲げるユネスコ自身が図らずも新たな外交問題を引き起こしてしまった形だ。

負の連鎖は止まらない。旧日本軍の慰安婦取り扱いをめぐって、日中韓などの市民団体が被害者の立場から関連資料を申請する一方、日米の民間団体も旧日本軍が慰安婦を規律正しく扱ったとする資料を申請。同じテーマを扱いながら真っ向から内容を異にする案件が並び立つ事態となった。

「南京大虐殺」での日本側の圧力に懲りたのか、二〇一七年、ユネスコはともに登録の可否について判断を見送り、話し合いを促すことに。日本側が要望した不透明な審査方法の改善などの制度改革を踏まえ、当事者間で歴史認識が異なる場合はそれがまとまるまで審査を保留することにしたのだ。日本政府は歓迎の意を示したが、一部の団体からは「ユネスコが圧力に屈した」との批判も噴き出した。

戦時という特殊な状況のなか、慰安婦が不当に扱われたか、正当に扱われたか。国家間でも摩擦の火種となっているこの問題の当否を、ユネスコが判断できるわけがない。だが、登録のいかんによっては、その決定が国際世論の方向性を決めかねない。「南京大虐殺」問題で痛い目をみたユネスコ側が躊躇したのも当然であった。

もともと国際条約ではない「世界の記憶」は、世界遺産ほど組織的ではないから玉石混交になりやすいうえ政治利用も目立ち、外交問題を惹起する危険性を常にはらむ。むろん、ユネスコは国々の集まりなので政治に無縁というわけにはいかない。かといって、この風潮がエスカレートすれば、ユネスコの諸条約や事業は国家間摩擦の種をまき散らす土壌になりかねない。だからこそ、その運営には細心の配慮が不可欠なのだ。それができなくなれば、ユネスコの遺産保護事業自体が存亡の危機にさらされるだろう。

二〇一六年、文部科学省や外務省は、従来使ってきた「記憶遺産」の名称を「世界の記憶」に変更した。確かに、英語名は「Memory of the World」で、そこにheritage（遺産）の文言はないから、直訳すれば「世界の記憶」の方が近い。なにより、「遺産」という呼称は世界遺産条約と同一視されがちで、過大評価や勘違いのもとになっていた。政府には、世間の注目度を少しでも抑えることで外交上の政治問題化を避けたいとの意図もあったのではないか。また、世界遺産のような過剰な登録競争を抑制することが期待されたのかもしれない。

国家間の架け橋に

懸念くすぶる「世界の記憶」だが、快哉《かいさい》を叫びたいような出来事もある。二〇一七年に登録された「朝鮮通信使に関する記録」だ。

朝鮮通信使とは、朝鮮王朝から江戸幕府への外交使節団である。豊臣秀吉の朝鮮出兵で断絶した両国の外交は、再開を望む江戸幕府や両者を仲介してきた対馬藩の努力によって一六〇七年、ついに再開にこぎ着けた。以来、一八一一年までの二〇〇年余り、将軍の代替わりなどのタイミングで一二回にわたって派遣され、海路と陸路で江戸へ、ときには日光まで足を延ばした。

使節団は、多いときは四〇〇人から五〇〇人もの規模で、道中にはその姿をひと目見ようと見物人があふれた。教養豊かな外交官はもちろん、医者や絵師、芸能者などを含む当時のエリート集団だったから、行く先々で日本人が交渉を持とうと詰めかけ、民間交流が花開いた。彼らは平和のシンボルであり、友好の架け橋であった。

全国の朝鮮通信使ゆかりの自治体などでつくるＮＰＯ法人朝鮮通信使縁地連絡協議会（縁地連）が一九九五年に発足し、韓国の釜山文化財団と共同で、両国合わせて一一一件三三三点をユネスコに申請した。コンセプトは副題に表れた「17世紀～19世紀の日韓間の平和構築と文化交流の歴史」だ。

韓国側から縁地連にユネスコ登録構想の打診があったのは二〇一二年のこと。日本では便宜上、日本ユネスコ国内委員会が候補を選考しているが、複数国の共同申請はその限りではない。そこで縁地連は推進部会や学術委員会を設置し、釜山文化財団と連携しながら申請手続きを進めた。

申請書をすりあわせるための日韓共同学術会議は一〇回以上に及び、内容は大きく三つにまとめられた。まず、国家間の公式記録や外交文書を扱う外交記録、次に、朝鮮通信使が日本で見聞したことを記した通信使行録や応接した各藩の記録、記録画や鑑賞画などを対象とする旅程の記録、そして、通信使と日本の有識者らが交わした学術・芸術面での文化交流の記録である。そこには筆談唱和した詩文や書、絵画などが含まれる。

「朝鮮通信使参着帰路行列図」(部分).国書を載せる輿も見える(京都市・高麗美術館所蔵)

逆風のなかでの申請作業

申請書作成作業の過程では、国情の違いや歴史認識のずれで対立もあった。たとえば、「日光参詣」の表現を「訪問」に替えるなど、文言ひとつにも神経をつかい、双方で調整を重ねた。なかでも問題になったのが国書の扱いである。というのは、それが日本にはあるのに韓国に残っていないのだ。

言うまでもなく、国書は朝鮮通信使の目的をなす最重要の品である。絵巻には恭《うやうや》しく国書を載せた専用の輿《こし》が見え、東京国立博物館には朝鮮国王から徳川将軍へ向けた原本が残っている。

ところが、その返書の実物が韓国にはない。もし、日本側の国書だけが登録されたならば、朝鮮側から日本への「朝貢使節」と世間に受け止められ、反発が起きかねない。韓国側はそれを恐れたのだ。

しかし、中核をなす国書を外すわけにはいかない。日本側は朝鮮側の『通信使謄録』に徳川将軍からの返書の写しが記載されていることを指摘し、説得を試みる。国書があるからこそ両国の対等関係を証明することができ、それを欠けば申請作業自体に意味がなくなると主張。韓国側もそれを認め、受け入れた。

作業が難航した背景には、韓国内に流布する通信使像がある。史実が歪曲《わいきょく》された植民地時代の記憶から、韓国世論には朝鮮通信使を屈辱的な朝貢使だったとみなす誤解がいまなお残り、よい印象を持っていない人が少なくない。それが学術的な停滞をもたらし、研究の進展を妨げている。だからこそ、そんな誤解の連鎖を断ち切り、史実を正確に把握して朝鮮通信使の歴史的意義を正当に評価するためにも、「世界の記憶」の登録実現が期待されたのだ。朝鮮通信使資料の申請は、うわべだけの刹那的な友好にとどまらない、両国の歴史問題の根幹にかかわるものであり、まさに未来志向の関係構築の鍵となり得るものだった。

両国は曲折をへながらも粘り強く課題を克服し、二〇一六年、申請書がユネスコに提出された。

相変わらず、ぎくしゃくする日韓関係。二〇一二年に前述の仏像盗難事件が起き、その余波で、対馬では恒例のイベントである朝鮮通信使行列が中止になった。縁地連にも厳しい批判がぶつけられたという。そんな逆風のなかでの申請であった。

歴史的軋轢をこえて

朝鮮通信使の登録運動を支えたのは、国に頼らない民間の、しかも国境を越えた有志の熱い思いだった。

ナショナリズムが世界中で勃興し、外交摩擦が絶えない時代だからこそ、かつて二〇〇年も続いた「誠信の交わり」が存在し、民間レベルでの文化交流が各地で育まれた史実を知ることは大きな意味を持つ。そして、登録を実現させたのがやはり市井の、日韓市民による連携だった事実もまた、重い。「世界の記憶」とは本来、そんなものであるべきではないかと思うし、むしろ国がらみの申請作業がその意義を薄れさせているのではないかとさえ思えてくる。

つまるところ、朝鮮通信使資料登録の意義は、文化遺産を後世に伝えることはもちろん、複雑に絡みついた両国の誤解を払拭《ふっしょく》し、歴史的な障害や軋轢《あつれき》を克服するプロセスを担っていることにあるのではないだろうか。

最後に、「朝鮮通信使」と、この年同時に登録された「上野三碑」(群馬県)にまつわる数奇なエピソードを紹介して、この項の締めくくりとしよう。

古代の石碑である上野三碑は朝鮮半島からの渡来人との交流の産物とされ、漢字や仏教の広がりなど東アジアの文化交流を示唆するものとして知られる。そのひとつに、楷書体の文字が刻まれた「多胡碑《たごひ》」がある。この拓本は朝鮮通信使を介して漢字のふるさと中国へもたらされ、そこで書の手本にもなった。朝鮮通信使が取り持つ東アジア交流の、なんとも不思議な縁である。

4　水中文化遺産と保護条約

海に眠るタイムカプセル

後世に残すべき遺産は、なにも陸上ばかりとは限らない。私たちを取り巻く七つの海にも、いにしえの祖先たちが刻んだ人類活動の記憶は眠っている。

四方を海で囲まれた島国、日本は世界六位の海岸線の長さを誇る海洋国家であり、古来、数々の先進文化は海の向こうから波濤《はとう》を越えてもたらされた。古くより国際貿易港だった博多周辺や海路の幹線だった瀬戸内海には、各時代にわたって無数の沈没船やその積み荷が眠っているはずだ。それらは膨大な考古学情報を秘める「海のタイムカプセル」であり、世界の船舶史・

海洋技術史上の貴重な資料となる。

かつて海は人類のフロンティアだった。大海原を駆け巡ったアラビア商人は海のシルクロードの主役だったし、中国明《みん》朝が派遣した鄭和《ていわ》の一行はアフリカ東海岸まで到達した。大航海時代を迎えた西洋諸国は競って世界航路を開拓した。ただ、その実態把握は容易ではない。原因は水という障害だ。それが水中調査の進展を阻んでいる。

ここでは水中文化遺産保護条約をはじめとした、海の文化遺産におけるユネスコや各国の取り組みを紹介したい。

低調な海洋遺産への関心

水中調査は効率が悪い。天候に左右され、時間も限られる。作業は難しく、潜水技術を持つ研究者も少ない。船のチャーターにはかなりの費用がかかる。教育機関もほとんどないから専門家が育たない。宝探しの印象が抜けず、学術的意義が社会に浸透しないので一般の関心は低いまま、という悪循環。基礎的な調査が進まなければ、遺跡の把握や保護体制の構築、有効活用も望めない。戦後、スキューバが発明されて水中調査の技術は飛躍的に伸びたが、経済的に水中調査の需要があるかといえば、話は別だ。

日本における水中調査の歴史は戦前の諏訪湖などにさかのぼるが、本格的には戦後になってからで、それまでは有志が細々と活動するだけの状況が続いた。文化財保護法の網は陸だけでなく海にも及ぶ。だが、開発にともなう緊急調査は陸上に比べればはるかに少なく、水中調査が独立してやっていけるだけの市場原理も成り立たない。

海底遺跡を観光資源にしようとの試みがある。多くの人はそこに財宝を積んだ沈没船や海に沈んだ古代文明の神殿などを思い浮かべるかもしれない。けれど日本の場合、海底の遺物といえば地味な中国陶磁器などが主で、世間の関心もいま一つ。だから、観光資源化はおろか、文化財としての保護意識さえも希薄にならざるを得ない。

しかし世界的にみれば、海に眠る膨大な文化遺産への認知度と保護意識は高まりつつある。二〇〇一年、ユネスコの水中文化遺産保護条約が採択され、二〇〇九年に発効した。そこでは商業利用の禁止や原位置保存が定められている。ただ、海洋権益に対する各国の思惑もあってか、条約を締結する国はそれほど多くない。海底資源の開発や軍事活動への制約、あるいはすでに存在している水中遺産関連の国内法との絡みなどが進展を妨げているようだ（岩淵聡文二〇一二『文化遺産の眠る海　水中考古学入門』）。日本もまた、関心の低さや法改正の複雑さもあって未批准である。

そんななか、長崎県鷹島沖で発見された一隻の中世船が、我が国の水中文化遺産保護政策を大きく変えようとしている。

長崎県鷹島沖で見つかった沈没船．キール（竜骨）とみられる（琉球大学考古学研究室提供）

鷹島沈没船が投げかけたもの

鎌倉時代、日本列島を未知の恐怖が襲った。モンゴル帝国による元寇《げんこう》、いわゆる蒙古襲来だ。一二八一年、伊万里湾に集結して攻撃の時を待つ四四〇〇隻もの大艦隊を突然の暴風雨が襲い、船団は壊滅した。世にいう「弘安の役」である。

舞台となった鷹島沖には、大風の犠牲になった元寇船が多く沈むといい、大型学術プロジェクトに絡んでスタートした水中調査が一九八〇年代から断続的に進められてきた。その過程で、竹崎季長の「蒙古襲来絵詞」でおなじみの炸裂弾「てつはう」の実物をはじめ、数々の武器や武具、生活用品などが確認された。

そして二〇一一年、琉球大学などによる調査チームが、ついにまとまった船の部材を発見する。翌一二年、国はこの海域三八万平方メートル余りを、海底遺跡として初の国史跡に指定した。報道を通じて海外の関心も高く、ユネスコの水中文化遺産のホームページではタイタニックと並んで鷹島が紹介された。

その成果は、水中遺跡保護のモデルケースとして、あるいは科学的調査手法の確立においても期待されている。海底に眠る遺跡の発見は、遺物が漁師の網にかかるなどの偶然が多い。これに対し、調査チームは船上から音波を海底に発信して物体の有無を探査し、反応地点にダイバーが潜って正体を確かめる作業を繰り返した。効率的な調査手法の模索がこの調査の目的であった。

日本史上、未曽有の出来事の舞台として再び脚光を浴びた地元の松浦市も、またとない機会を地域活性化に生かせないかと盛り上がった。鷹島を日本の水中考古学の拠点にしようと、ここに市立水中考古学研究センターを発足させた。

ただ、現実はそう甘くない。地元には観光振興を見据えて船体の引き揚げを求める声がある。が、巨大な船の部材を適切に脱塩・保存処理するだけの十分な施設はほとんどない。また、不用意な引き揚げは文化財自体の破壊につながる。ユネスコの取り決めも現地保存が基本だ。日本も世界の趨勢《すうせい》を無視するわけにはいかない。

ともあれ、鷹島沖の沈没船発見が引き金となり、全国各地で水中調査は注目を集め始めた。琵琶湖北部の葛籠尾崎《つづらおざき》湖底遺跡（滋賀県）では水中ロボットでの探査などを通して、縄文から平安時代の土器まで一万年もの時間幅が明らかになった。玄界灘に浮かぶ相島沖では古代の瓦が多数発見されて地元の福岡県新宮町が調査に乗り出すなど、自治体単位の取り組みも現れている。

ただ、広く俯瞰すれば社会の関心の低さは隠しようがない。背景には、産業活動に取り込めるだけの利活用の難しさに加えて、海外で問題になっている宝探し的なトレジャー・ハンターの暗躍が日本では比較的少なく、喫緊の課題としてとらえられていないことも影響しているようだ。

国家主導で先行する隣国

世界に目を向けてみよう。古くからつながりの深い東アジア地域ではどうだろう。

まず、隣国の韓国。専用船二隻を有する国立海洋文化財研究所が大型の調査を独占し、二〇件を超える調査実績がある。

二〇一二年、木浦《モッポ》市にあるこの研究所を訪れた。エントランスには木製の碇《いかり》が置かれ、周囲にはいろいろな時代の船がいくつも点在していた。施設内に足を踏み入れると、高麗時代の交易船や高麗青磁などの引き揚げ品が並び、さらに体育館も顔負けの巨大な屋内展示空間には、無数の板が鎧《よろい》のように連なる、全長三〇メートルもの船の巨体が横たわっていた。一四世紀、中国から日本に向かう途中、韓国南西部の沖合で沈んだ、有名な新安沈没船である。

ときはモンゴル帝国支配下の、中国が元と呼ばれていた時代。新安沈没船は、中国の慶元

（寧波）から九州の博多に向かっていたとされる。一九七五年に漁師が発見し、七〇年代から八〇年代にかけて海軍の協力のもとで水中調査が実施された。

その成果は驚くべきものだった。青磁など二万点もの陶磁器類、二八トンの中国貨幣、将棋の駒や調理具といった船上生活を偲ばせる日用品、京都の「東福寺」や福岡の筥崎宮《はこざきぐう》を示す「筥崎」の文字がある木簡などなど。まさに中世の東アジア交易を凝縮した「海のタイムカプセル」の名にふさわしい。ソウルの国立中央博物館では、中国と日本コーナーにはさまれる格好で専用の部屋を設け、遺物を公開している。

数々の知見をもたらした新安沈没船
（韓国・木浦の国立海洋文化財研究所）

この発見をきっかけに韓国政府は一九九四年、木浦に国立海洋遺物展示館を設置した。二〇〇九年に現在の研究所に発展し、ここを中核として長期的な展望のもと、調査研究が続く。オーストラリアやヴェトナム、中国などの研究機関と協定を結び、研修を受け入れるなど交流を深めていたようで、「日本にカウンターパートがないのは残念。連携の拠点となる水中考古学の専門機関ができないだろうか」と、当時の所長が漏らしていたのを思い出す。

こんな充実した体制は安定した継続調査を可能にする一方

で、ともすれば予算消化や施設維持のための惰性的な活動に陥りはしないか、との危惧を生む。が、近年も忠清南道の泰安・馬島付近で青磁を積んだ複数の高麗船が見つかって話題を呼ぶなど、大規模調査は途切れていないようだ。

国家が主導する点では中国も同じ。国が水中調査を国家文物局水下文化遺産保護中心に一元化し、国内には六カ所の研究拠点があるという。海底遺跡は福建省や広東省の沿岸部に集中し、南宋代の外洋船、南海一号は埋没状態のまま海岸に新設された博物館に運ばれて、そこで「発掘」が続く。中国側によれば、現地発掘では遺物が流されるので移設せざるを得なかった、とのことらしい。これに対しては批判もあるようだが、いずれにせよ、潤沢な国家予算を投入できる、いかにも中国らしいスケールである。

環境に適した手法とは

これらに比べて、日本はどうか。目立った公的専門機関はなく、見劣りは否めない。もちろん、大規模な行政機関の介入があればよいというものでもないし、必要性や需要がなければそれらはいらない。しかし残念ながら、その欠落が世論の水中遺産への理解を妨げている面も否定できない。鷹島沖の史跡指定を機に、ようやく国も動き始めたようだ。

先述のように、海の遺跡にも陸上と同様、文化財保護法の網がかかる。ところが、そもそも、その数や分布がはっきりしないのだから、まずは全体像を把握することが先決だ。

二〇一三年、文化庁は考古学や保存科学などの有識者でつくる水中遺跡調査検討委員会を立ち上げた。委員会は国内環境に合わせた調査手法や保護・活用を確立するための議論を重ね、二〇一六年に「日本における水中遺跡保護の在り方について(中間まとめ)」、翌一七年に「水中遺跡保護の在り方について(報告)」を相次いでまとめた。二〇一八年には第二期の委員会が発足し、地方公共団体を支援するべくマニュアルの作成を進めている。

報告によると、国内の水中遺跡は三八七カ所。四六万カ所を超える陸上の埋蔵文化財包蔵地よりはるかに少なく、定義や基準も都道府県ごとに不自然なばらつきがあって、とても正確な実数とは思えない。人間が住んでいない広大な海を対象にしているのだから確認も容易でないのは当たり前なのだが、そうは言ってもフランスの登録遺跡は五七〇〇カ所、スウェーデンは八三〇〇カ所にのぼり、デンマークが把握する水中遺跡候補地は約二万カ所、イギリスに至っては三万七〇〇〇遺跡に及び、そのうち約六〇〇〇件が沈没船という(木村淳二〇一九「諸外国文化財行政における水中遺跡の保護」『埋蔵文化財ニュース』一七五)。体制を異にするとはいえ、我が国とは雲泥の差である。とにかく、その実態解明の難しさが保護施策への障壁となっているのは明らかだ。

報告は、水中遺跡の定義や活用へ向けた取り組み、今後予想される開発事業との調整や行政の役割分担、継続的な検討を強調し、各国との比較も盛り込んだ。専門研究機関による地方公共団体への支援の必要性にも触れた。そのなかで一貫して言及されているのは、日本という独自の環境に適応した調査研究や保護体制の視点である。

ひと口に海と言っても、地域によって千差万別だ。水温や水質の違いはむろんのこと、木造船体を害するフナクイムシの多寡《たか》など、水中遺産を取り巻く環境は世界中ですべて異なる。そのなかで、日本列島周辺の海に最も適した、より効率的な手法はなにか。まずは、その洗い出しから始まった。

海中調査をともなう実践も行われた。たとえば、九州国立博物館に委託して実施された奄美大島の倉木崎海底遺跡（鹿児島県宇検村）の再調査。もし、陸上でトレンチ（試掘溝）を入れる程度なら、専門家の潜水作業をともなう大がかりなものより、むしろコンパクトで安上がりな、短時間で結果が得られるやり方のほうが好ましい。そのための遠隔操作の水中ロボット、音波を利用した探査機器、鉄や金属を探る装置など、様々なハイテク機材が試され、幅広い探査手法が模索された。

日本の環境に見合う手法の開発とは、その適用が日本だけに限られ、海外で通用しないということではない。たとえば、保存処理で一般的なポリエチレングリコール（PEG）も、近年は鉄釘などに悪影響を与える可能性が浮上している。研究が進められているトレハロースという糖質を使う方法は熱や酸、湿度に強いというから、日本と同様、湿度の高い東南アジア地域で発見が相次ぐ沈没船の保存処理に役立つかもしれない。我が国における研究の進捗は世界への貢献にも直結するのだ。

とはいえ先述のように、海中の調査は陸上の調査と比べて技術的に難しいうえ、はるかに費用対効果が悪い。海揚がりの船体や部材の保存処理にも巨大な専用施設が不可欠で、長い時間がかかる。とても小さな一地方自治体だけで担えるものではない。文化庁が必要性を指摘する専門機関の支援には、地方自治体を指導してきた実績を持つ奈良文化財研究所などが考えられるし、やがては大学との連携も必要となるだろう。いずれ、中国や韓国のような公的機関の設置をめぐる議論が俎上に載ってくるかもしれない。

「引き揚げ」の恩恵

ユネスコの水中文化遺産保護条約では、遺産の現地保存が大原則である。確かに「引き揚げ」は遺跡の〝破壊〟であるから、この原則は正しい。ただ、沈没船は観光資源になるため、鷹島のように地域社会では船体引き揚げへの期待が大きくなりがちだ。

二〇一〇年、取材でトルコを訪れたとき、イスタンブールで出土したばかりのビザンチン帝国時代の船を見た。東ローマ帝国とも呼ばれるビザンチン帝国は、一五世紀まで千年もの長きにわたって地中海世界に君臨した、かのローマ帝国を引き継ぐ大帝国。イスタンブールはかつてコンスタンチノープルと呼ばれた永遠の都だ。そこに集う沈没船は、いにしえの地中海交易の様相をそのまま凍結させたかのようだった。

発掘現場は、アジアとヨーロッパを結ぶトンネルや地下鉄の建設が進むイェニカプ地区。ボスポラス海峡を貫く海底トンネルの建設工事にともない二〇〇五年から始まった調査で姿を現したのは、五世紀から一二世紀ごろにわたる三十数隻もの木造船だ。最も大きなものは六世紀前後とみられ、船尾の一部が残っていた。復元すると長さ二五メートル、幅八〜九メートルほどになり、小麦やオリーブオイルを積んで地中海や黒海を往来していたらしい。バラバラになった船体の状況から、大波によって壊れて沈んだのではないかとみられた。

出土地点は現在の海岸線から約二五〇メートル離れた陸地。かつては港だったらしく、桟橋の跡もあった。東西の大陸を結ぶ地下から目覚めた遺構は生々しく、朝日を受けて輝いているように見えた。

もちろん、こんな出土直後の沈没船に遭遇する体験は、そうあるものではない。一般に目にできるのは、ほとんどがすでに保存処理を施された姿だ。それでも、先の新安沈没船の実物は木浦でしか見られないし、一六二八年に沈んだスウェーデンの軍艦ヴァーサ号をまるごと収めたストックホルムの博物館には大勢の観光客が訪れる。地元の活性化や観光面はもちろんのこと、船体の引き揚げ例が東アジアの交易圏や欧州における海上覇権の実態解明、造船技術史上の課題解明など、研究上で果たした役割は小さくない。イギリスのメアリー・ローズ号にしても中国の南海一号にしても、引き揚げられたからこそ判明した事実は多かった（木村淳二〇一八「沈没船遺跡の考古学」『水中遺跡の歴史学』）。

ただし、引き揚げには難問が横たわる。ヴァーサ号の場合、部材の脱塩処理やPEGの含浸など保存処理の作業完了まで三〇年もの時間を要した。それにかかった資金も莫大《ばくだい》で、「ヴァーサ号はこれから沈船を引き揚げないことの象徴」と陰口をたたかれるほどだ。メアリー・ローズ号もまた、その引き揚げから保存処理、管理・維持費まで合算すると総額七〇億円近いとの試算もある。沈没船を陸上で観光の目玉にするのは、予算面でも決して容易ではないのだ。

ならば、海のなかに沈む姿をそのまま見せてはどうか。いわゆる「海底遺跡ミュージアム」という考え方である。実際に潜って見学したり、インターネットで生の水中画像を中継したり。世界ではすでに商業ベースに乗っている例もある。

海底遺跡を観光資源に

二〇一二年、私は南イタリアを訪れた。地中海での実践例を取材するためだ。ナポリ郊外のバイア海底遺跡は、海に沈んだローマ時代の町である。紀元前二世紀から王侯貴族の別荘地で、皇帝たちも愛した風光明媚な土地だったが、四世紀以降、その一部はアトランティスやムー大陸の伝説さながらに地盤変動で海に沈んだ。海底の廃墟が四〇〇メートルの沖合まで広がる。

イタリア政府は二〇〇二年、海岸線沿い約七五〇メートルの、当時の建物や道が眠る海域に水中公園を設定。原則として釣りもダイビングも許されないa地区から次第に条件が緩むb、c地区へと、保護海域を三段階に分けて管理し、そのうえで潜水見学コースや船からの見学コースを整備した。

世界中から観光客が訪れ、グラスボトムボートでの「海の廃墟」巡りが人気だ。とがった船底の両側に窓がいくつも並び、ガラス越しに海底をのぞく趣向で、一時間半ほどの海底遺跡散歩が楽しめる。その日も大勢の米国人団体客でにぎわっていた。

エメラルドグリーンの光が船内をほのかに照らす、水深七メートルの海の底。窓の外にはローマ時代の建物や道、いにしえの神々の白い彫像が浮かんでは消えた。その昔、皇帝たちがくつろいだ建物の残骸を目の当たりにし、あちこちで歓声が上がる。より本格的に遺跡の魅力を味わいたければ、ダイバーの案内で実際に潜って見学できるダイビングコースもある。

イタリア政府は遺跡保護のため厳しく立ち入りを規制する一方で、地元観光の浮揚にも考慮しながら、地域社会の協力を最大限に活かす方式をとった。現地の考古学監督局が講習会を開き、地元のダイビングクラブや組合のダイバーらに水中考古学の知識や遺跡の大切さを伝えるとともに、管理を委託する。観光収入の多くはその運営にあてられる。海中を清掃するのもダイビングショップのスタッフだ。観光事業を地元のダイバー協会などに委託し、マナーの周知や広報に協力してもらっている。住民も参加しての、官民一体の取り組みである。

こんな例はほかにもあるようで、たとえばシチリア特別自治州は地元のダイビングショップと契約を結び、必要な情報を提供するかわりに、ショップに遺跡の日常的なメンテナンスやモニタリングをしてもらっているという(赤司善彦二〇一八「世界の水中遺跡の保存と活用」『水中遺跡の歴史学』)。

遺跡や遺物の恒久的な保護にも心を砕く。海中の彫像は石造りとはいえ、劣化を免れない。そこでバイアでは、海には一部レプリカを沈め、かわりに港から車で五分ほどの丘に立つ博物館に本物を陳列し、海底の状況を再現している。現地でロケーションの臨場感を、博物館では本物の魅力を、というわけだ。両者の一体的な運用は、たとえばギリシャなどでも見られるようだから(中西裕見子・片桐千亜紀二〇一八「ギリシャの水中文化遺産保護」『考古学研究』二五九)、その進捗具合の差こそあれ、世界的な潮流なのかもしれない。

地中海の宝石

地中海に浮かぶパンテレリアという小さな島に飛んだ。シチリア島とアフリカ大陸とが両側から迫る地中海のくびれの真ん中、人口一万人足らずの、地図にも記し忘れられるほどの火山性の孤島である。しかし、ここは古代から無数の船が行き交った海上流通の十字路であり、軍事の要衝だった。そのため、不釣り合いなほどの豊かな歴史遺産が海に眠っている。

天気がよければアフリカも見えるといい、真っ青な海がいかにも地中海だ。紀元前にギリシャ人が入植し、地中海世界の覇権をめぐってローマや北アフリカのカルタゴが争奪戦を繰り広げた。パンテレリアの名はアラビア語に由来し、「風の娘」を意味する。その名のとおり、島には強い風が吹く。沖合には大風で沈んだ古代船が点在し、「神風」で壊滅したと伝わる鷹島の元寇船団を彷彿させる。

パンテレリア島の沖合には地中海を航行した古代船がいまも沈む（イタリア）

二〇〇四年、沖合で本格的な発掘が始まった。少なくとも一〇カ所の遺跡が海底に確認された。リゾート客が海水浴を楽しむ島南西部の入り江のすぐ隣にはスカウリ海底遺跡があり、いにしえの交易船が沈む。武器や火薬に使ったのだろうか、硫黄が積まれていたという。島東側のカラ・トラモンターナ遺跡には紀元前のカルタゴ船が横たわり、アンフォラや石臼、碇石、約三四〇〇枚のコインが見つかった。

それらの観光活用も始まっており、壺や碇石が散在するカラ・ガディール遺跡に二つの水中カメラを常時設置し、海底の映像をインターネットで世界中に流していた。これなら海に潜れない人も海底遺跡見学を楽しめるし、ネットの画像を見た人の来島も期待できる。豊かな水中遺産を島の活性化につなげたいとの思いは鷹島と変わらないようだ。

海底遺跡と調和のある共存をいかに進めるか。環境さえ整えば引き揚げがなくとも、工夫次第で観光資源化は実現できる。パンテレリアでの実践は、古代文明のゆりかご、地中海に浮かぶ孤島の将来を決める羅針盤となっていた。

海底遺跡ミュージアム構想

こんな海外の実用例を日本に持ち込めないか。NPOの研究グループや大学が動き始め、長崎県小値賀島や沖縄県久米島で「海底遺跡ミュージアム構想」が進められてきた。

二〇一七年、沖縄県石垣島を訪れた。名蔵湾近くの沖合では、東海大学が地元や各地の研究者らの協力を得て、海底遺跡ミュージアム構想の実験を続けていた。舞台は屋良部沖の海底遺跡。沖合約二〇〇メートル、水深約二〇メートルの海底に鉄製錨七本と一七～一九世紀の壺の密集地がある。錨の主は外洋航海能力を持つ琉球王国の進貢船や中小規模のマーラン船、あるいは薩摩や中国明朝の船だった可能性があるという。壺は沖縄製で、船の積み荷らしい。文献史料には海難事故の記録も残る海域だ。

大学が開発した水中ロボットが海中に放され、海底に点在する遺物がパソコンの画面に浮かび上がった。船上で操るのは、島の歴史に触れてもらおうと招かれた地元の高校生。ゲームコントローラーと同じ要領で縦横に操作する腕前に、調査チームも舌を巻いた。

興味深い仕掛けも用意した。水中ロボットからの映像を大阪市の繁華街の一角に設置したモニターに生中継し、道行く人に見てもらおうというのだ。画像は時折途切れながらも、なんとか成功。その発想は先のパンテレリア島での試みに近い。

調査船近くの海上に一〇隻ほどのダイビング関係の船が姿を見せた。ダイビング愛好者らが次々に海に飛び込む。遺跡の状況や研究者が潜水調査している様子を見学する趣向で、案内は地元のダイビングショップ経営者やインストラクターたちである。こちらはバイア遺跡の例が参考にされているらしい。

しかし現実には、乗り越えなくてはならない課題が横たわる。日本の海域で遺物といえば、ほとんどが交易品の陶磁器類ばかりで、船体の残存はきわめてまれ。バイアやアレクサンドリア沖のように見栄えのする構造物はなく、どうしても集客への魅力に乏しい。同じ手法が採算ベースに乗るかも不透明で、とても商業利用まで結びついていないのが実情だ。鷹島でもその可能性を探る動きはあったが、海の透明度の低さなどが弱点となっている。

道のりは長いかもしれない。けれど、積極的な取り組みに期待しよう。世界では沈没船を対象にしたレックダイブが盛んだが、単なるレジャーのみならず、学術的に裏打ちされた視点と認識が加われば、それは文化遺産保護の強力な手立てとなる。ダイビング愛好家らが自発的に遺跡を守るシステムを構築できれば画期的だし、加えて研究者や行政が手を携えれば、調査研究から保護・活用までの一体的な取り組みも可能になるだろう。それには地域社会や地場の観光業界などを巻き込み、官民学が積極的につながることだ。そこに国際社会のいう「持続可能な発展」が生まれるし、ユネスコが重視するコミュニティーの有効活用も見えてくる。

進まないソフト面の充実

ところで、文化財保護法は水中にも及ぶが、発見された出土品が常に文化財になるかと言えば、必ずしもそうとは限らない。たとえば一八九〇年に和歌山沖で沈んだトルコの軍艦エルトゥールル号の遺物引き揚げに適用されたのは水難救護法である。この場合、教育委員会などの学術的評価を通す必要はないから、たとえ一般的に文化財と認識されているものであっても、それとして扱われないケースが出てくる。そうなれば、文化遺産として適切な措置がなされないおそれもある。

海の文化遺産は、漁師が底引き網で見つけたり、レジャー中のダイバーが発見したりする場合が多い。世間に流布する「水中遺産＝沈没船の財宝」といった誤解はトレジャー・ハンターの横行を許し、さらには投機目的の詐欺事件まで誘発している。沈没船やその積み荷を文化財として理解してもらい、これらもまた歴史遺産の一部だという意識の啓蒙が求められる。

法的な道筋の整備は遅れている。たとえば海辺に打ち上げられた陶磁器片は文化財なのか、単なる落とし物なのか、判断は悩ましいところだし、船舶ともなれば、その扱いはなかなか難しい。特に軍船の場合、慣習的にその国の所有権が重視されるからやっかいだ。国によっては海の歴史遺産を国家的な海洋戦略の一環に位置づけ、領土問題に絡ませる動きさえある。

沈没船をめぐって国々の思惑が複雑に絡むこともあり、下手をすれば国際問題につながりかねない。フィリピン沖で見つかった旧日本帝国海軍の戦艦武蔵の発見者は米国のチーム、というように、複数の関係国が入れ乱れることもしばしばだ。鷹島沖の元寇船にしても、その所有権を継承するのが現在の中国なのかモンゴルなのかはともかく、我が国が史跡指定するということは日本の国有財産であることを宣言するに等しいわけだから、文化庁関係者にとってその作業は緊張をはらむものだったのかもしれない。だからこそ水中遺産には、国家間における明確な取り決めが必要になってくるのだ。

もちろん、海の遺産には国連海洋法条約も触れているし、文化遺産に特化したユネスコの水中文化遺産保護条約が発効しているのはこれまで述べてきたとおり。だが残念ながら後者において、アジアではカンボジアやイランなどを除き、日本を含めて大国の批准はない。条約締結によって発生する規制や不利益を避けたいのが各国の本音らしい。

海の文化遺産が国際紛争の要因になるのは好ましいことではない。日本が海洋国家を標榜するなら、これらの懸念を払拭するための積極的な発言を期待したいものだ。ただ、いまの脆弱な体制では説得力に乏しい。まずは海外と渡り合えるだけの充実した体制と理論の構築、それを支える人材の育成が急務だろう。それがひいては、世界の水中文化遺産の保護に寄与することになる。

海に国境線などなかった時代、交易船は特定地域を超えて広く活動した。それを支えるマージナルな人々もたくさんいた。だから、海の歴史遺産保護には、国家という枠組みに縛られた世界遺産条約以上の、汎世界的な視野が求められる。活況を呈する世界遺産条約と、その締約国の三分の一にも満たない水中文化遺産保護条約。いずれも人類遺産の保護を目的とするユネスコ条約ながら、この差はなんなのかと戸惑いを禁じ得ない。

水中遺産と現代社会

水中遺産はわかりにくいし、扱いも難しい。だから、その整備・活用には、行政的な施策はもちろんのこと、住民の協力が欠かせない。まずは知ってもらうこと。世論のボトムアップが不可欠だ。

地中海に沈んだ巨大遺跡や宝探しの的になるような西洋の交易船に比べれば、日本沿岸部の水中遺跡は地味だ。人知れず消滅するものも多いだろう。だが、それで歴史的価値が減じることはない。それどころか、それらは人目の届かない水中にあったがゆえに当時の生々しい空気感を伝え、私たちは隠れた史実を知ることができるのだ。

静岡県熱海市の初島沖にまとまって沈む瓦には三葉葵の紋を持つものもあって、おそらく明暦の大火で焼失した江戸城の復興に関連する遺物とみられる。沖縄海域には座礁した近世・近代の西洋船が眠り、たとえば宮古島沖に沈む英プロビデンス号の、ワインボトルらしいガラス製品には、長い船旅の退屈を紛らわせようとした船員の面影が浮かぶ。沖縄本島北部沖のベナレス号の消息を追跡調査した結果、積み荷の石が墓石に転用された事実が判明した、といった副産物もある。那覇市の渡地村跡などかつての港跡では膨大な中国青磁が出土するし、浅瀬に石垣を積んで魚を捕まえる魚垣や塩田なども海辺の漁労生活を偲ばせる民俗資料であり、海中と陸上の遺産が連続していることを実感させてくれる。

近年、太平洋戦争時の軍事施設など、いわゆる「戦跡」に注目が集まるが、海に沈んだ軍艦や航空機も例外ではない。水中文化遺産保護条約では、沈没船も一〇〇年たてば立派な文化遺産だから、これらもあと三〇年足らずで一気に〝遺産化〟する計算だ。日本近海には旧帝国海軍の船のみならず、沖縄本部半島沖で特攻を受けて沈んだ米軍艦エモンズ号など、一〇〇〇を超える当時の艦船が沈むという。

これらが文化遺産になったとき、それを網羅する保護体制の備えはできているのだろうか。艦内には戦死者の人骨や遺品も残り、感情的に歴史遺産と認めない雰囲気もある。はるか南洋にも多くの旧帝国海軍の軍船が沈むが、海外と国内での扱いや価値観の間にはデリケートなずれが横たわる。それらは決して過去の遺物ではなく、すこぶる現代的な課題であると同時に、戦後の繁栄を謳歌してきた私たち自身の問題なのである。

5　国内制度と世界遺産条約

二つの保護システム

日本が世界遺産条約を締結したのは一九九二年。条約採択に遅れること二〇年、一二五番目であった。いまや国内でも圧倒的な人気を誇る世界遺産だけに、締結までの決して短いとはいえない年月を意外に感じる人は少なくないだろう。

その理由については、国内法の修正にかかる事務作業の繁雑さなどいろいろ言われてきたが、よく聞くのが世界的にも先進的な文化財保護体制の完備だ。法隆寺金堂壁画の焼失に端を発した文化遺産保護の機運の高まりは、一九五〇年に文化財保護法を成立させた。なかでも、開発を通して市民社会と密接する埋蔵文化財の分野においては、末端の市町村に至るまで可能な限り専門職を配する高度な保護体制が行政内に確立した。そんな手厚い法整備がすでに敷かれている以上、我が国に世界遺産条約など必要ない、というわけだ。

これに対しては異論もあるが、いずれにしろ文化財保護法という精緻《せいち》な保護システムの存在とそれへの自負は大きかったはずであり、世界遺産条約への参加にも大なり小なり影響したに違いない。だが、両者の理念は明確に異なる。である以上、ダブルスタンダードは好ましいことではない。結果的にそれが締結準備の前に立ちふさがっていたとみても、あながち誤りではないのではないか。

ところが、世界遺産の絶景がテレビ番組や刊行物で喧伝され、その名が国内に浸透するにつれて汎世界的な保護体制の有用性も認知され始め、両者は歩み寄りを見せる。もちろん、世界遺産への期待は保護システムとしての面より、ツーリズムや観光資源における強力なアイテムとしての側面が強かったのかもしれないが、ともかくも条約の締結によって二つの保護体制が日本国内で並立することになった。

両者が直接干渉し合うことはないにせよ、そもそも締約国には国内制度を通じて自国の遺産を守る義務があるし、世界遺産リストに自国の資産を推薦する以上、その作業を円滑にするためにお互いの整合性が図られたのは当然であった。すなわち、推薦条件には文化財保護法に定める文化財であることが前提となったのだ。それは従来の保護体系にも影響を与え、「古都奈良の文化財」推薦の際には、文化財ではなかった宮内庁管理の正倉院さえ国宝として文化財保護法の枠組みに組み入れられた。

こんな例をみると、国内制度が世界遺産に引きずられ始めた感は否めず、最近の一部の文化財指定も世界遺産推薦ありきの措置ではないか、と思うことが少なくない。ただ、世界遺産を意識した政策は必ずしも非難されることではなく、むしろ文化財保護への選択肢が拡大しつつある現象として肯定的にとらえることも可能だろう。条約の理念が国内に及ぼした影響は小さくないし、我が国が様々な刺激や思想をそこから享受したことも否定できないのだから。

歩み寄る国内制度と世界遺産

これまで「点」で認識されてきた単体の構造物を、周辺環境も含めた「面」でとらえようとする近年の流れがある。つまり、ひとつの構造物だけの狭い指定ではなく、周囲の環境も含めた空間で総合的かつ弾力的な保護をめざそうというわけだ。これは世界遺産のバッファーゾーン設定の概念とオーバーラップする。また、「面」で守るには地元地域の協力が不可欠だから、世界遺産の作業指針がいう五つ目の「C」、すなわち地域コミュニティーの重視とも共通し、文化庁が地域社会の協力を得ながら文化財を守る手段として打ち出した歴史文化基本構想や文化財総合的把握モデル事業にも通じるだろう。

その代表格は文化的景観の概念ではないか。

一九九二年に世界遺産に導入された文化的景観は、国内制度においても二〇〇四年に文化財保護法内の一領域として誕生した。とはいえ、両者の位置づけは違う。文化的景観を「自然と人間の共同作品」と定義する世界遺産に対し、文化財保護法がいう文化的景観は「地域における人々の生活又は生業及び当該地域の風土により形成された景観地で我が国民の生活又は生業の理解のため欠くことのできないもの」であり、微妙にニュアンスが異なるのだ。なるほど、世界遺産がいう文化的景観の一部は国内法の名勝や史跡にあたるし、文化財保護法上の文化的景観には製造関係の土地利用や都市景観も含まれるというから、自然の要素が目立つ世界遺産のそれとは領域的にもずれがある（本中眞二〇一七「文化的景観——地域固有の自然と文化を継承する」『世界文化遺産の思想』）。国内法は結果的に、世界遺産の概念を咀嚼し、取捨選択しながら補強し、そして昇華した形と言えるだろうか。

二〇一八年、「長崎と天草地方の潜伏キリシタン関連遺産」が世界文化遺産になった。その一角を占める熊本県天草市の﨑津地区では、緑の山と青い海を背景に、民家の甍《いらか》の連なりを突き破って教会の尖塔が屹立《きつりつ》する。ひなびた漁村の風情としゃれた洋風建築が不思議に溶け合う印象的な眺めは、国の重要文化的景観「﨑津・今富の文化的景観」の一部でもある。

ところが前述のごとく、重要文化的景観に含まれる内陸部の今富地区は世界遺産候補の対象から外れた。さらに、﨑津から車で五分ほどの大江地区は優美な白亜の大江天主堂で知られるが、こちらは重要文化的景観ですらない。いずれも潜伏キリシタンが信仰をつないできた地域であるにもかかわらず、世界遺産登録は三段階の「序列」を顕在化させてしまった。

もちろん、これらに軽重があるわけではない。ならば、そこには世界遺産とはまた違った価値観が求められていいだろう。世界遺産を核としつつも、それだけでは拾いきれない要素に光を当てて国内的な保護制度を結合し、日本的なストーリーを独自に紡ぎ出してもよいではないか。世界と国内からの重層的で複眼的な視点はきっと相乗効果を生み、遺産の価値をひと回りもふた回りも豊かなものにして

ひなびた漁村と洋風建築の教会が不思議に溶け合う天草・﨑津の集落

くれるはずだ。

拡大する「文化遺産」

指定文化財以外への保護対象の広がりは、文化庁以外の省庁に参入を促す。歴史遺産といえば文化財保護法とそれを担当する文化庁という図式は様変わりし、いまや他省庁や文化財保護法以外の法令との連携や交流が不可欠になってきた。

二〇〇八年、「地域における歴史的風致の維持及び向上に関する法律」(歴史まちづくり法)が施行され、文化財保護はより社会性を帯びた。文化的景観もそうだ。地方自治体が景観法に基づいて手続きを進め、それを文化庁が重要文化的景観に選定する仕組みなので、行政上の重なりは著しい。ここでは、自治体に対して条例による保護措置や保存計画が求められるから、中央省庁だけでなく、都道府県や市町村の地方公共団体、さらにはＮＰＯや地域コミュニティーの積極的な意思が重要となる。いわば、地元社会の「やる気」が行方を左右するわけだ。

「潜伏キリシタン関連遺産」で長崎・熊本両県の重要文化的景観集落や集落跡が世界遺産になった。文化的景観を掲げて登録をめざした「平泉」の挫折もあってか、ユネスコへの推薦はこれを前面に打ち出して、というわけではなかったが、国内法と世界遺産の越境と結合が容易に見て取れる。

さらには、文化遺産の「脱・文化財」化さえ表面化しつつある。「明治日本の産業革命遺産」では稼働施設が文化財ではないため、文化庁ではなく内閣官房が主導した。このような文化財保護法から外れた「文化遺産」の増加は今後も予想される。それに対応できる保護体制の刷新とともに、地域社会はもちろん、企業や個人などの所有者を含む多様なステークホルダー同士の連携も急務となるだろう。「産業革命遺産」は、文化財保護法のほかに景観法や港湾法まで取り込んでいる。これもまた、内閣官房が仕切ることになった理由のひとつだ。

改めて、現在も動いている現役の機械や施設が「遺産」なのか。誰もが首をかしげる。近代の産業遺産の多くは金属の塊だから、取り立てて美しくもない。稼働資産となればなおさらで、私たちが抱く世界遺産のイメージからはほど遠い。

しかし、世界文化遺産が人類発展におけるマイルストーンであり、現在の産業文明もまた人類史の通過点、過去からの延長上にあることを思えば、稼働資産が世界遺産の枠内に収められることは、それほど驚くには当たらない。イコモスのパートナーとして世界遺産候補の評価に携わることもあるTICCIHが二〇〇三年に採択したニジニ・タギル憲章は産業遺産の範囲を現在まで包括しているし、TICCIHとイコモスによる共同原則は、対象が稼働している場合、それを継続的に利用し、機能を保全することがヘリテージとしての意義の一部だととらえている。

いまも現役で働く長崎造船所のジャイアント・カンチレバークレーン

「産業革命遺産」には、三菱重工長崎造船所のジャイアント・カンチレバークレーンや、日本製鉄(旧・新日鐵住金)が所有する旧官営八幡製鉄所の修繕工場や遠賀《おんが》川水源地ポンプ室などが含まれる。長崎造船所の巨大クレーンはスコットランド製で一九〇九年の設置。高さ六〇メートル余り、処理能力は一五〇トンを誇る。一〇〇年以上前のしろものだが、立派に現役だ。この種の巨大クレーンは世界に一〇基ほど現存しているが、稼働中のものは半数に満たず、わざわざ英スコットランド政府から専門家がデジタル3D技術を駆使しての精密測量に訪れるほど保存状態がよい。一方、八幡製鉄所の修繕工場では、創建当時のグーテホフヌンクスヒュッテ社の建材をいまも目にすることができ、現存する日本最古の鉄骨建造物となっている。

これらの世界遺産登録は文化遺産の概念を拡大し、やがて「文化財」が持つ従来のイメージさえも変えていくことになるだろう。

廃墟の島は文化財か

さながら海に浮かぶ要塞といった「軍艦島」

世界遺産は文化財保護法が扱う対象の拡大や認識の変化を促し、大規模な近代化遺産の文化財指定をあと押しした。「産業革命遺産」の一角をなす「端島」(長崎市)、通称「軍艦島」と呼ばれる廃墟の島を挙げてみよう。

端島は世界遺産推薦にあたって、その全域が史跡に指定された。ユネスコ登録の対象は一九一〇年までの一部の生産遺構や護岸だが、それらの間を史跡が満たす重層構造となっている。長崎港から南西約一九キロの海上に浮かぶこの島は、もともと小さな岩場にすぎなかった。ところが、石炭採掘が拡大する過程で生産施設はもちろん、労働者やその家族の居住区、彼らの生活を支える文化・娯楽施設、学校などの教育エリアが加わって島はどんどん増殖していき、周囲一・二キロの巨大な人工島となった。最盛期には五〇〇〇もの人々で島はごった返し、世界で最も高い人口密度を誇ったという。しかし石炭産業の衰退にともない一九七四年に閉山、無人島化する。島の時間はその時点で止まり、密集する建物群は廃墟と化した。

取材のため特別に許可を得て、何度か上陸したことがある。学校やアパートは朽ち果て、あちこちで鉄骨がむき出しになっていた。無数の釘を打ち込んだ木材が地面を覆い、散乱するガラスの破片や瓦礫で足の踏み場もない。かつての住人の置き土産だろうか、アパートの部屋にはいろんな生活用具が残され、色あせた遺品がいっそう時の流れを実感させた。

いまも崩壊が続く「軍艦島」

二〇一四年六月、文化審議会は端島を含む高島炭鉱跡を史跡にするよう答申を出した。まさにイコモス視察の直前で、ユネスコの審議へ向けた準備態勢がようやく整ったわけだが、崩壊を続けるこの島の史跡指定は世の中を驚かせた。なぜなら、史跡とは本来、凍結保存が原則で、これほどの巨大な島を、しかも施設の劣化を止める術が確立していない現段階でまるごと現状維持するなど、とうてい不可能だからだ。にもかかわらず、国は指定に踏み切った。いわば、世界遺産への推薦条件という「外圧」が文化財保護法の限界を突破させたのである。

もっとも、アパートや学校など廃墟ファンをくすぐる建造物群は世界遺産に含まれない。だが、指定文化財と世界遺産とを切り離す必要はないし、むしろ時間的・空間的に相互が結びついてこそ軍艦島の歴史的価値がある。今後は、延命可能な建物全体を対象にすれば軽く一〇〇億円を超えるといわれる整備費用をどう捻出していくかが問題となる。

「産業革命遺産」は、日本が未体験の分野であった。ステークホルダーが多様で、その利害関係の調整も複雑だ。新たなフレームワークの導入と構築に海外専門家の協力が果たした役割は大きく、その意味で「産業革命遺産」における、これまでにない一連の協働作業は、国内制度と世界遺産条約との接近を著しく促したと言えるだろう。

産業革命発祥の地では

朽ち果てた鉄やコンクリートの塊。重苦しくて薄暗く、なにか不気味な空気を漂わせ、かえりみる人もいないままうち捨てられている。世界遺産はそんな不遇の構造物にも光を当てた。先のニジニ・タギル憲章は、産業遺産とは一八世紀後半からの産業革命期のみならず時間的にその前後にも広がり、建物や機械、工場、倉庫、鉱山などはもとより、それを取り巻く生活や教育などの社会的活動を担った施設も含まれる、と定義する。その意味で、私たちの身のまわりには、重厚長大な構造物だけでなく、かなり幅広い種類の資産たちが点在していると考えてよい。

グローバル・ストラテジーの重点分野にあがったこともあって、産業遺産の注目度は高い。ドイツの「フェルクリンゲン製鉄所」やチリの「ハンバーストーンとサンタ・ラウラの硝石工場」、インドの「山岳鉄道群」など洋の東西に広がり、バラエティーもすこぶる豊富だ。

なかでも産業遺産の顕彰に力を注ぎ、世界遺産でも先駆的な取り組みを続けてきたのは、やはり産業革命発祥の地イギリスだろう。きら星のような登録物件のなかで、人気があるとはお世辞にも言えない産業遺産を推薦の俎上に載せ、イメージの向上に努めてきた。その取り組みは、さすが本家の面目躍如と感心させるし、我が国の「産業革命遺産」の参考になる部分も少なくないはずだ。

そんな期待を抱きつつ、私は二〇一五年、イギリスを訪れた。世界初の鉄橋があるアイアンブリッジ渓谷から、銅鉱山などが点と線でつながるコーンウォール(コーンワル)半島まで、産業革命の軌跡をたどった。コーンウォールにおけるシリアル・ノミネーションの在り方や、アイアンブリッジを核にコールブルックデール地域で模索されてきた産業遺産との共生を実見する旅であった。

鉄材が優美さを醸し出すアイアンブリッジ(イギリス)

文字どおり「鉄の橋」アイアンブリッジ渓谷は、バーミンガムの北西約三〇キロ、ウォルバーハンプトン駅から車で四〇分ほど。山間の道を抜けると、セヴァーン川をまたいでその美しい肢体が現れる。一七七九年完成、全長約六〇メートル、総重量四〇〇トン。橋と言えば石造りが当たり前だった時代、その建造に最新の技術が取り込まれる一方、エレガントな装飾は宮殿さながらの優美さだ。

案内してくれたのは「産業革命遺産」の登録にも尽力した元イングリッシュ・ヘリテージ総裁のニール・コソン氏だった。サーの称号を持つ彼は二〇年以上の間、ここでアイアンブリッジを中心にした街づくりを見守ってきた。そのなかで実感したのは、遺産の大切さを自ら知り、市民レベルで訴えていく努力の大切さだったという。「日本では祖先との結びつきがあまり意識されていないのではないかな。国民自身が魅力を認識しないとね」と彼は言った。

コールブルックデールの一帯は一八世紀から一九世紀にかけての産業革命で潤い、製鉄業の労働者たちであふれた。一八世紀初頭、エイブラハム・ダービー一世がここでコークスによる製鉄に成功し、彼の子孫のダービー三世によって築かれたアイアンブリッジは、その繁栄の象徴なのだ。

一九八六年に世界遺産登録。エリア内には「鉄の博物館」など一〇ほどの博物館施設が散らばり、スタッフとボランティアを合わせて一〇〇〇人近くが活動していた。まさに産業遺産を核とする一大テーマパークである。炭坑で荒れ果てた山々は植林され、道路もあえて広くしないなど環境への配慮がうかがわれた。

コソン氏によると、入り組んだ場所なので、観光客をどう効率的に誘導するかが課題だったそうだ。世界遺産を示す緑の看板が周囲の雰囲気を損なうことなく立ち、近くのテルフォードの街からもシャトルバスを運行しているとのこと。パーク・アンド・ライドを推奨し、良好な環境づくりに取り組む姿勢は、どことなく日本の石見銀山を思い出させた。

風景に溶け込むエンジンハウス

一方、景観をそのまま見せる〝自然派〟が、イングランド南西部、コーンウォール半島の鉱山跡群である。二〇〇六年に「コーンウォールと西デヴォンの鉱山景観」として世界遺産登録。約二万ヘクタール、一〇エリア二〇〇余りの建物などで構成するシリアル・ノミネーションだから、同じ形態の「産業革命遺産」とも共通するところが多い。遠隔地の資産を結びつけるために管理拠点を置き、それぞれの連携や情報共有を心がけている。

ロンドンから鉄道で西に約五時間。三月にもかかわらず、夏のような陽光がまぶしい。曇天の多いイギリスには珍しく、セント・アグネス地区の真っ青な海が広がっていた。強風が吹きすさぶ緩やかな斜面には黄色い花を咲かせたヒースの茂みがへばりつき、まるで印象派の絵の

海に臨むコーンウォールのエンジンハウス．絵のような風景が広がる（イギリス）

ような風景だ。そのなかに、中世の城と見まがう石造りの櫓が点在していた。

蒸気機関を収めたエンジンハウスで、一八世紀から一九世紀にかけて銅や錫《すず》など一五種類の金属の採掘に活躍、排水にも利用された。コバルトブルーの海を背にたたずむウィール・コーツのエンジンハウスは石と煉瓦造りで、まさにこの地のランドマークだ。内部に蒸気機関はすでになかったが、なかにはイーストプール・マイン地区のエンジンハウスのように当時の巨大なシリンダーやシャフトが残り、内部を見学できるものもあった。

田園地帯にぽつんぽつんとエンジンハウスが点在する景観はのどかそのもので、暗く重苦しげな印象の産業遺産がこんなにもなじむのかと感心したものだ。サイクリングやウォーキング、乗馬などを楽しむ滞在型の観光戦略と地域づくりは、遺産保護と観光の共生に、ひとつのモデルを提供していたように思う。

伝統的に階級社会が色濃く残るイギリスだけれど、裏を返せばこんな産業遺産群は、労働者階級のアイデンティティーでもある。実際、現地では「自分の祖先がこの炭坑で働いていた」などと誇らしげな声を聞いた。ここでは在りし日の遺産が、いまも身近な存在なのだ。過酷な労働にあえぐ民衆の歴史を刻み、決して明るい面ばかりではなかった産業革命だが、それゆえに労働環境改善の機運や社会保障制度を促した側面もある。光と影の記憶は、こんな形でも地域社会に深く根を下ろしている。

世界遺産として生まれ変わったエッセンのツォルフェライン炭坑業遺産群(ドイツ)

生まれ変わった黒煙と煤の街

もちろんイギリスだけではない。たとえば、かつてドイツの重工業を牽引したルール地方には「ツォルフェライン炭坑業遺産群」がある。少々古い話だが、私が訪れたのは二〇〇一年登録直後の翌〇二年、ケルンでR・シュトラウスのオペラや地下鉄工事にともなう古代ローマ遺跡の調査を取材したついでだった。

産業遺産についてほとんど知識のなかった当時の私だけれど、工場や製鉄所から思い浮かべる無味乾燥で場末な外観と対照的に、機能美とデザイン性が見事に調和したバウハウス様式の採掘坑など、その整然としたモダンな美があまりにも鮮烈だった。

ツォルフェライン炭坑業遺産群はドイツ西部、ノルトライン・ヴェストファーレン州エッセン市に位置する。一八四七年に操業開始、二〇世紀初頭に最盛期を迎え、一九八六年にルール工業地帯の屋台骨を担う使命を終えた。世界遺産に登録後、新たな文化の発信基地として第二の人生を歩み始める。

建物内に足を踏み入れ、驚いた。炭鉱全体の動力源である巨大なボイラーを収めていた建物の吹き抜けにアウディがぶら下がっている。当時の乗用車としては、そのアルミボディーが画期的だったそうだ。この建物を改造して開館したのがレッド・ドット・デザイン博物館で、アウディはそのシンボルだった。

四つある展示フロアの一部は、六基のボイラーをくりぬいたもの。コーヒーカップから自動車まであらゆる日用品が並んでおり、州が毎年実施するデザインコンクール五年分の入選作とのことだった。博物館を運営する州デザインセンターの広報担当は「古い産業遺構にいまのデザインをはめ込むことで、過去と現在の技術がつながっていることをアピールできる」と胸を張った。

操業時、二四時間フル稼働の過酷な労働を強いた選炭場には、五つのアトリエがあった。炭鉱跡という場にインスピレーションを感じるアーティストも多いらしい。ただ、世界遺産ゆえにインフラの整備には限界もあったようだ。

石炭洗浄工場の屋上に上がると、豊かな緑に囲まれた街並みが見渡せた。かつてここが黒煙と煤に覆われた真っ黒な街だったなんて想像もできない。ドイツといえば、マイスター制度に代表されるモノづくりの国。かつての炭鉱施設はルール地方の誇りになっていた。

以上の例では、過去の産業文明の残骸が新たな命を吹き込まれ、歴史遺産となって現代の市民社会と共生していた。とはいえ、これが一般的というわけではない。機械文明の産物である産業遺産は、その多くが私たちの思い描く〝美しい〟遺産とはほど遠い。ところが、それが世界遺産の一角を占め始め、人々は廃棄された鉄くずの塊や廃墟にさえ「美」を認めるようになった。世界遺産のイメージは既存の美意識や既成概念を越境しつつある、と言い換えてよいかもしれない。

現代世界を席巻するのは均一化した産業システムであり、それがなければグローバルな社会は機能しない。当然ながら、その礎となった産業遺産群に地域的な個性は乏しい。産業遺産の「美」とは、前近代社会のローカル性が悠久の歴史のなかで培ってきた多種多様な美に対して、世界が地域性の壁を打ち破って共通する価値観のもとに統合されたことを象徴する、刹那的な美と言えるだろう。

活用重視へのシフト

さて日本では、ともすればガラパゴス的とも揶揄《やゆ》されてきた文化財を取り巻く環境が、いま急激に変わりつつある。文化庁は保存から活用へと大きく舵を切った。間接的ながら、「持続可能な発展」を掲げる世界遺産の動向が国内制度をも突き動かしているのだ。

たとえば、地下に眠る埋蔵文化財。文化庁が設置した「埋蔵文化財発掘調査体制等の整備充実に関する調査研究委員会」は二〇〇七年、「埋蔵文化財の保存と活用」について報告をまとめ、地域コミュニティーを重視する町づくりの流れが本格化した。地元の歴史遺産は地域社会の依るべき財産として脚光を浴び、全国の地方自治体でも文化財行政を教育委員会から首長部局に移して観光や地域活性化と一体化させようとする動きが加速した。

ときの安倍政権が掲げた観光立国ビジョンのもと、我が国が誇る歴史遺産を外国人観光客の呼び水として活用する方針が打ち出され、これを受けて文化庁は二〇一六年、「文化財活用・理解促進戦略プログラム２０２０」を策定する。二〇一七年暮れには文化審議会が、文化財の規制を緩和して活用を促す内容を答申し、それをもとに翌一八年夏、文化財保護法が改正された。

改正の特色を挙げてみると、まず市町村による、いわゆる「地域計画」の策定がある。文化庁が進めてきた歴史文化基本構想を引き継ぐものと言え、未指定文化財をも含む総合的マスタープランが法定化されることになった。そこには地域の意思が色濃く反映されることになる。

次に、保存活用計画の制度化だ。これによって、従来、その都度国の許可が必要だった史跡の現状変更も地方自治体レベルの届け出で可能になる。

そして、文化財行政の首長部局への移管である。これまで地方教育行政法に基づいて教育委員会が文化財保護行政を担ってきたが、この改正にともなって首長部局が直接取り扱えるようになり、観光や町づくりなど地元振興策との統合を効率的に進めることができる。

文化財を生かした地域活性化や観光資源化の展開は、ある意味、国内文化財の世界遺産化とも言え、ますます両者のオーバーラップを促すだろう。その背景に、歴史遺産が地域振興に有効なことを知らしめた世界遺産ブームがあるのは間違いない。

一方で、経済や開発部局と密着するがゆえに、ともすれば適切な保存や復元などをめぐって文化財行政側が押し切られる懸念、さらには強引な観光戦略の名のもとに文化財保護の理念自体が崩壊してくのではないか、と心配する声は依然として消えない。開発の主体となる首長が保護行政のトップを兼ねるわけだから、当然である。もしこの不安が現実となり、文化遺産における ポピュリズムの弊害を惹起するならば、それは世界遺産に指摘される負の側面さえも引き継ぐことになりかねない。

これらの懸念を払拭するには、行政側の理解とモラルの向上のみならず、それを見守る社会認識のボトムアップが必要だし、経済発展と文化財保護を合理的に両立させ得る適切なバランス感覚が求められる。それは、一般市民も積極的に考古学的遺産保護の一翼を担うべきだとするローザンヌ憲章の理念や、コミュニティーとの共生と持続可能な発展をめざす京都ビジョンの宣言とも矛盾しない。世界の趨勢と国内の文化財保護制度は深く連動していると考えるべきである。

観光資源への期待と不安

これまで日本の文化財保護施策は保存に重きを置いてきた。その結果、たとえば埋蔵文化財の場合、史跡公園になったのはいいけれど、閑古鳥の鳴く、ただの空き地と化した遺跡も少なくない。歴史的建造物などでも、登録文化財はともかく、指定文化財の場合は規制もあって、無制限に改造してよいというものではない。

しかし、そもそも文化財保護法の「保護」には、「保存」と「活用」の意味がある。文化財保護法が、なぜ国宝保存法や史蹟名勝天然紀念物保存法のような「保存」法ではなく「保護」法であるか、その理由はそこに活用の意味が含まれるからなのだ。保存がなければ活用はないのだから、まずは保存に力が入れられてきたのは当然だが、社会の成熟にともない、視線が活用に向けられ始めたのは、ごく自然な流れであった。

文化遺産が観光資源になることは、別に忌避されることではない。実際、世界遺産は観光産業や地域活性化のてこ入れに有効なツールとして、いまや経済システムと切り離せない存在になった。持続可能な開発をめざす国連のＳＤＧｓ戦略の観点からも、両者の調和と共存への模索は当然のこととして受け止められている。

一方で、観光活用を急ぐあまり、文化財本来の意義が忘れ去られる例は枚挙にいとまがない。

開発を前に文化財保護行政が軽んじられるのもよくある話で、たとえば二〇一三年、特別史跡熊本城の復元整備を急いだ熊本市は、その調査体制の不備と、遺構の保護や学術的検討をないがしろにした拙速な作業を文化庁にとがめられ、市長が陳謝する事態になった。文化財を取り巻く法的規制が緩和されつつある現在、両者のバランスを適正に保つ態勢を担保できるのか、不安の声があちこちから上がる。

確かに、国内の文化財保護制度について、いまなお保護の側面を重視した、ストイックな印象が残るのは否めない。それは、大切なものだからむやみに触れるべきではないという感情的な隔離傾向とともに、国内制度の整備過程の歴史とも密接な関係があるようだ。すなわち、日本の文化財行政で大きな位置を占める埋蔵文化財ひとつとっても、大規模開発時代を迎えた高度経済成長期、原因者負担を含むルールづくりは開発と保護という対決姿勢のなかで、幾度の摩擦を繰り返しながら生まれてきた。高速道路や新幹線など押し寄せる国策規模の大プロジェクトを前に、道路公団や住宅公団、鉄道建設公団などとの交渉を通じて、ときには犠牲者を出しながらも行政発掘の基本的な取り決めが模索された。そんな経緯に鑑みれば、保護と活用が対峙的にとらえられてきたのも、あながち不思議なことではない。

埋蔵文化財行政には特にこの対決構図が顕著なようで、関係者には幾多の苦難を乗り越えて現代の保護体制を築いてきたという自負があるがゆえに、安易に文化財を開発や観光の具に転用することには抵抗もあるようだ。前述した法改正においても、保存と活用の均衡や地方文化財保護審議会の機能強化などに留意する付帯決議が付されたとはいえ、開発や地域活性化、観光ツールとして文化財が使われることへのアレルギーはもとより、ともすれば開発側に保護サイドが押し切られるのではないかという強迫観念が、依然としてつきまとう。また、地域社会自らが文化財保護の意義を考え主体的に取り組むべき「地域計画」についても、ノウハウを持つ大規模な自治体とそれに乏しい小規模な自治体との間に格差が生じ、やがては文化財保護体系全体を破綻させかねないとの不信感が、一部の関係者にはぬぐえないようだ。

「日本遺産」の登場

二〇一五年、文化庁は「日本遺産」の認定を始めた。全国各地に散らばる史跡や名所、伝統行事、街並みなど有形・無形の文化財を地域自らがすくい取り、ひとつの歴史的ストーリーに仕立ててその価値を再認識してもらおうという事業である。地域社会が主役となって、文化庁はもちろん国土交通省や観光庁など省庁間を横断しながら連携・協力し、その魅力を戦略的に世界へ発信するのだ。

「かかあ天下——ぐんまの絹物語」「『信長公のおもてなし』が息づく戦国城下町・岐阜」「日本茶八〇〇年の歴史散歩」「六根清浄と六感治癒の地〜日本一危ない国宝鑑賞と世界屈指のラ

ドン泉」「古代日本の『西の都』～東アジアとの交流拠点」などなど一八件を皮切りに順次増えており、東京オリンピックが開かれる二〇二〇年までに一〇〇件ほどの認定をめざすという。「日本遺産」という名称からみて、世界遺産と既存の文化財保護制度をつなぐ施策とのイメージが強い。むろん、試行錯誤を繰り返して確立した両システムに比べ、いかにも観光振興ありきで保護制度の範疇に入れるには違和感あり、との意見はもっともだ。実際、そこに構成資産の保護は強調されていない。

国は「ブランド力を保つため」にも認定件数の限定は有効とし(文化庁文化財部記念物課二〇一八「日本遺産―地域の歴史的魅力や特色を通じて我が国の文化・伝統を語るストーリー―」『月刊文化財』六五三)、その時限的・数的制限からして純粋な保護施策ではない。だから、観光貢献にそぐわないタイプの文化財がこぼれ落ちていく懸念も指摘されている。もとより、世界遺産をめざしながらなかなか手が届かない地域への配慮もないとは言えないし、事実、認定申請の条件には暫定リストのことも触れられているので、そこから外れてしまった物件への救済策、あるいは世界遺産対策に予算や時間をかけ続けるための理由づけや不満解消のガス抜きではないか、といった見方、さらには文化遺産の序列化を助長するにすぎないとの厳しい反発もある。

実際、それらは結果的に、世界遺産をめざす市町村の受け皿にもなっている。たとえば、教育遺産世界遺産登録推進協議会を組織してタッグを組む旧弘道館(茨城県水戸市)や足利学校跡

（栃木県足利市）、旧閑谷《しずたに》学校（岡山県備前市）、咸宜園《かんぎえん》跡（大分県日田市）は、二〇一五年に「近世日本の教育遺産群－学ぶ心・礼節の本源－」として日本遺産に認定された。つまり場合によっては、日本遺産は世界遺産へのステップとしても位置づけられるのだ。序列化といえば序列化だが、決して悪いことではないだろう。

日本遺産は文字どおり、強力なブランド力を持つ世界遺産を意識しているに違いない。けれど、もともと世界遺産や文化財保護制度とは狙いが異なり、観光立国をめざす政府肝いりの観光振興策や地域の活性化事業である。ただ、コンセプトはどうであれ、それが国内の文化遺産に新たな視点を提供したのは確かで、肝心なのは、それをどう活用し、保護へつなげるか、だ。適切な保護がなければ観光資源として成り立たない。

国の指定・選定文化財にランキングなど存在しない。一方で、世界遺産には代表性や希少性、OUVが必要とされる以上、必ず序列化の視点が入らざるを得ない。厳密に言えば、性格も理念も違う両者を同じライン上で論じること自体に無理があるし、理屈の上でも、世界遺産の登録物件を文化財保護法下の文化財の延長として単純に位置づけることはできない。しかし現実問題として、国の文化財であることが原則的に世界遺産推薦の前提なのだから、歴史遺産の保護という目的において、社会通念上、両者に大差はない。保護施策には様々な視点があってよいし、世界遺産と国内保護制度の中間に、観光に立脚した日本遺産を組み込むことは、必ずしも不自然ではあるまい。

要は私たちが複数のシステムを、どう効率的に連携させ、運用していけるか、にかかっている。理念や手段は違えども結果的に保護施策が行き届くのなら、いろいろなアプローチがあってよい。かけがえのない文化的財産を後世に残していくことに、かわりはないのだから。

未来の人類遺産保護システムをめざして

人類遺産の保護を俯瞰すれば、各国独自のローカルな制度と世界遺産条約に代表される国際的な取り決めは唇歯輔車であるべきだろう。いわば、国家全体に網をかける法律と個々の事情に沿った地方自治体の条例のごとき関係だろうか。

再三言及してきたように、文化財保護法に基づく国内制度とユネスコ条約とでは、もともと成り立ちも理念も違う。しかし、グローバリズムの進展は両者の垣根を取り払った。両者をつなぎ、溝を埋める数々の施策や制度が生まれたいま、お互いの欠点を補いつつ融合させ、より普遍的かつ汎世界的な保護体制へと止揚させるべき時代に至ったと言えよう。

なるほど、世界遺産制度は様々な課題と矛盾にあえいでいる。文化財保護の実践経験を積み上げてきた日本は、これらの難問の解決や新たな遺産保護制度の構築に貢献できるはずだ。巷ではより効率的な遺産保護・管理に向け、すでに国内に定着した、「指定」より弾力的な「登録」にも似たカテゴリーを世界遺産内に設けてはどうか、といった提言も出ていると漏れ聞く。ユネスコの事業や理念は日本の国内制度に影響を与えた一方で、我が国の経験や保護制度もまた世界から求められているのである。

ユネスコへの貢献は、なにもトップクラスの分担金や個別資産の修理・復興費用の捻出だけではない。自国の保護制度の整備充実にユネスコが提示するモデルを必要としている発展途上国はまだまだ多いはずだし、日本が世界遺産条約を通じてそれらの国々に寄与できるならば、それは世界遺産システム全体への貢献となる。

人類遺産の保護はいまや一国で完結する時代ではない。そろそろ私たちは、むやみに「世界」の冠ばかりほしがるのをやめてもよいころではないか。国内候補の行方だけに一喜一憂するような近視眼的で受け身の視点から脱し、世界に視野を広げて積極的にユネスコをサポートしつつ、未来へ向けた保護体制の創出を主導するだけの実行力と矜持を持ってもいい。日本の世界遺産戦略は、大きな岐路を迎えているように思う。

おわりに

四月一六日の朝、目を覚ますとショッキングな映像が世界を駆け巡っていた。パリの世界遺産ノートルダム大聖堂が燃えている！　誰もが目を疑ったに違いない。

ひと月のち、私は新任地の大阪にいた。大阪は地元初の世界遺産候補「百舌鳥・古市古墳群」のイコモス登録勧告にわいていた。

涙とともに消えゆくものがあれば、祝福とともに生まれるものもある。世界遺産もまた、悲劇や喜びと隣り合わせている。そんなことを実感した二〇一九年の春であった。

私が世界遺産に絡めながら訪れた国々は、のべで四〇カ国ほどになるだろうか。もちろん、私よりはるかに多くの世界遺産を踏んでいる人は少なくないし、世界遺産探訪をライフワークにしているファンも多いはずだ。そんな読者にはいまさらの感もあるだろうけれど、新聞記者として問題意識を持って取材した成果をまとめた本書は、ガイドブックのたぐいとは少し違った視点をみなさんに提供できたのではないかと思う。

旅を通していろいろな文化遺産とふれあうことができた。ミステリーに満ちたソールズベリの巨石遺構ストーンヘンジ（イギリス）。鉄の力をもって覇を唱えたヒッタイト帝国の都、あるいは古代地中海世界に君臨したローマ帝国の中枢ながら、いまや「兵《つわもの》どもが夢の跡」、といった味わいのハットゥシャ(トルコ)やフォロ・ロマーノ(イタリア)。高層ビル群が砂漠に押し寄せるバーレーンの黄昏《たそがれ》時、ようやく薄暮の彼方に『アラビアン・ナイト』の夢をのぞき見ることができた、いにしえの要塞。喧噪《けんそう》のなかに木造技術の粋を集めたモニュメントが立ち並ぶダルバール広場(ネパール)。ドナウの流れに映えるブダペストの鎖橋や重厚な建造物群(ハンガリー)。ナチスの狂気が生んだビルケナウ強制収容所(ポーランド)に点在する廃墟は、無念の最期を遂げたユダヤ人たちの墓標にも見えた。みな、それぞれに懐かしい。

肥前磁器誕生四〇〇年のオランダ取材で立ち寄ったブリュッセルのグラン・プラス(ベルギー)。すぐ近くには有名な小便小僧の像があって、そのときは地元のお祭りだったのだろうか、民族衣装を身にまとった男性たちが楽器を手に音楽を奏でながら像を取り囲み、ずいぶん賑やかだった。普段は観光客でごった返している名所でも、ふと日常の素顔と出会えれば、旅の魅力は倍増する。

まばゆいばかりの黄金に覆われたインドシナの仏像や寺院群には啞然とした。ときにパチンコ店顔負けの派手な電飾まで従えたさまは、古色蒼然とした仏像に静謐《せいひつ》な美を見いだす日本人の感性とはあまりにかけ離れている。いやはや世界は、まったく広い。

そんな個性的な文化遺産たちを、ここでひとつひとつ紹介する余裕はないけれど、改めて気づいたことがある。ひと口に世界遺産と言っても、それらが置かれた保存状況は実に様々なことだ。一例として、私たち日本人に身近な東南アジアを取り上げてみよう。

私がカンボジアのアンコール遺跡群を訪れたのは二〇〇五年のこと。日本を含めて先進各国のチームが競うようにあちこちで修復作業に取りかかっており、まさに「修復オリンピック」の様相を呈していたのだが、実は前年に危機遺産リストからようやく脱出したばかりだった。悲惨な内戦とポル・ポト政権の恐怖政治の記憶はすっかり影を潜めたかに見えたけれど、それでも子どもたちは観光客に群がり、遺跡関係者をかたる金銭目当ての男たちが横行していた。

タイの古都アユタヤやスコータイは美しく整備され、大勢の観光客でにぎわう一方、タイとカンボジアの国境地帯に位置するプレアヴィヒア寺院の一帯では、領有権を主張する両国の軍隊がにらみ合う。ジョグジャカルタのヒンドゥー寺院プランバナン（インドネシア）では、観光客が歩く道の脇に、地震で崩れ落ちた膨大な石材が転がっていた。日本人にもゆかりの深いヴェトナムの港町ホイアンから足を延ばしたチャンパの忘れ形見、ミーソン遺跡。その赤い煉瓦の建物に刻まれた戦争の爪痕はいま、どうなっているだろう。

二〇一七年夏、パゴダのひとつから眺めたバガン（ミャンマー）の景色は、強烈なコントラストが印象的だった。青い空と黄色い大地、平原を覆う緑のなかに、三〇〇〇もの真っ赤な煉瓦建築が点在する姿は、とても二一世紀の風景とは思えない。三大仏教遺跡のひとつと言われながら、いまだ世界遺産登録されていないことに首をかしげたものだが、実はかつてユネスコに申請されたことがあると知った。そのときは遺跡周辺の環境整備や法的管理の不備などで登録は見送られたそうだが、ずさんな修復が影響したとも聞いた。このほど再び推薦書が提出され、晴れて念願はかなったけれど、これらの懸念材料は払拭されたのだろうか。

発展途上国や紛争を抱える国々では、国内の保護体制が整っていなかったり登録手続きへのノウハウがなかったりで、いまなお足踏みしている世界遺産級の至宝がごまんとある。ならば、いつ果てるともしれない新規登録ばかりに振り回される前に、私たちにはやるべきことがあるのではないか。その先に、地理的偏重の解決も見えてくるような気がする。

世界遺産を取り巻く環境は刻一刻と変化している。今後このシステムや条約自体がどうなっていくのか、誰にもわからない。本書もまた、瞬く間に過去のものとなるだろう。願わくば、将来、関係者や世界遺産ファンがこの本を手に取り、あのとき世界遺産にも大変な時期があったんだね、と振り返ることのできるような、明るい未来が開けていますように。

中村俊介

二〇一九年夏

中村俊介

1965年熊本市生まれ．早稲田大学教育学部地理歴史専修（東洋史）卒業，朝日新聞社入社．新潟支局，西部本社学芸部，東京本社文化部，西部本社編集委員をへて現在，大阪本社編集委員．考古学・歴史，文化財，世界遺産，伝統工芸などを担当．

著書－『古代学最前線』（海鳥社），『文化財報道と新聞記者』（吉川弘文館），『世界遺産が消えてゆく』（千倉書房），『遺跡でたどる邪馬台国論争』（同成社）

世界遺産 ―― 理想と現実のはざまで　岩波新書（新赤版）1791

2019年8月22日　第1刷発行

著　者　中村《なかむら》 俊介《しゅんすけ》

発行者　岡本　厚

発行所　株式会社 岩波書店
〒101-8002 東京都千代田区一ツ橋2-5-5
案内 03-5210-4000　営業部 03-5210-4111
https://www.iwanami.co.jp/

新書編集部 03-5210-4054
http://www.iwanamishinsho.com/

印刷製本・法令印刷　カバー・半七印刷

ISBN 978-4-00-431791-3　　Printed in Japan

岩波新書新赤版一〇〇〇点に際して

ひとつの時代が終わったと言われて久しい。だが、その先にいかなる時代を展望するのか、私たちはその輪郭すら描きえていない。二〇世紀から持ち越した課題の多くは、未だ解決の緒を見つけることのできないままであり、二一世紀が新たに招きよせた問題も少なくない。グローバル資本主義の浸透、憎悪の連鎖、暴力の応酬――世界は混沌として深い不安の只中にある。

現代社会においては変化が常態となり、速さと新しさに絶対的な価値が与えられた。消費社会の深化と情報技術の革命は、種々の境界を無くし、人々の生活やコミュニケーションの様式を根底から変容させてきた。ライフスタイルは多様化し、一面では個人の生き方をそれぞれが選びとる時代が始まっている。同時に、新たな格差が生まれ、様々な次元での亀裂や分断が深まっている。社会や歴史に対する意識が揺らぎ、普遍的な理念に対する根本的な懐疑や、現実を変えることへの無力感がひそかに根を張りつつある。そして生きることに誰もが困難を覚える時代が到来している。

しかし、日常生活のそれぞれの場で、自由と民主主義を獲得し実践することを通じて、私たち自身がそうした閉塞を乗り超え、希望の時代の幕開けを告げてゆくことは不可能ではあるまい。そのために、いま求められていること――それは、個と個の間で開かれた対話を積み重ねながら、人間らしく生きることの条件について一人ひとりが粘り強く思考することではないか。その営みの糧となるものが、教養に外ならないと私たちは考える。歴史とは何か、よく生きるとはいかなることか、世界そして人間はどこへ向かうべきなのか――こうした根源的な問いとの格闘が、文化と知の厚みを作り出し、個人と社会を支える基盤としての教養となった。まさにそのような教養への道案内こそ、岩波新書が創刊以来、追求してきたことである。

岩波新書は、日中戦争下の一九三八年一一月に赤版として創刊された。創刊の辞は、道義の精神に則らない日本の行動を憂慮し、批判的精神と良心的行動の欠如を戒めつつ、現代人の現代的教養を刊行の目的とする、と謳っている。以後、青版、黄版、新赤版と装いを改めながら、合計二五〇〇点余りを世に問うてきた。そして、いままた新赤版が一〇〇〇点を迎えたのを機に、人間の理性と良心への信頼を再確認し、それに裏打ちされた文化を培っていく決意を込めて、新しい装丁のもとに再出発したいと思う。一冊一冊から吹き出す新風が一人でも多くの読者の許に届くこと、そして希望ある時代への想像力を豊かにかき立てることを切に願う。

（二〇〇六年四月）